KB212055

Evelyn Underhill's Prayer Book

영성가의 기도

이 도서의 국립중앙도서관 출판시도서목록(CIP)은
서지정보유통지원시스템 홈페이지(http://seoji.nl.go.kr)와
국가자료공동목록시스템(http://www.nl.go.kr/kolisnet)에서
이용하실 수 있습니다. (CIP제어번호 : CIP2019014760)

Evelyn Underhill's Prayer Book

영성가의 기도

이블린 언더힐 엮고 씀 · 박천규 옮김

비아
VIA

차례

Prière Simple
& all thy people

Lord! make us instruments of thy healing Peace
Where there is hate, that we may bring Love.
Where there is offence that we may bring Pardon
Where there is discord that we may bring Union
Where there is error, that we may bring Truth
Where there is doubt, that we may bring Faith
Where there is despair that we may bring Hope
Where there is darkness that we may bring Light
Where there is sadness, that we may bring Joy

O Master! make us not such so much
To be consoled as Console
To be understood, as I Understand
To be Loved, as I love.

For it is in giving that we receives
It is in self forgetfulness that we finds
It is in pardoning that we are pardoned
It is in dying that we awaken to Eternal Life

attributed to St Francis.   Old French.

이블린 언더힐이 친필로 쓴 기도서의 한 쪽

일러두기

· 성서 표기와 인용은 『공동번역 개정판』(대한성서공회, 1999)을 따르되 원
문과 지나치게 차이가 날 경우 『새번역』(대한성서공회, 2004), 『개역개정
판』(대한성서공회, 1998), 『메시지 완역본』(복 있는 사람, 2016)을 병행사용
하였습니다.

· 각 기도문 앞에 종종 있는 지시문은 이블린 언더힐이 기도 모임을 준
비하며 기도서에 남긴 글입니다.

매일 아침, 낮, 그리고 밤
우리는 다시 주님께 돌아가야 합니다.
신앙의 근원이 되는 주님께 돌아가
새로운 삶과 신앙의 여정을 준비해야 합니다.

서문

유진 피터슨Eugene Peterson

우리의 신앙을 형성하는 기반은 무엇입니까? 그리스도인의 삶은 주님을 받드는 우리의 행동이 아닌 주님께서 우리를 위해 하시는 일들로 이뤄집니다. 우리에게 중요한 것은 우리가 주님께 아뢰는 말이 아니라 주님께서 우리에게 주시는 말씀입니다. 그리스도인의 삶은 그분의 말씀으로 세워집니다. 물론 우리는 자유롭게 살아가며 말하고 행동합니다. 그러나 우리의 말과 행동이 우리의 근원이자 종착지인 주님과 그분의 말씀에서 나오지 않는다면 우리는 근본을 상실한, 얄팍한 영성에 물들고 그것으로 우리의 삶을 채우게 될 것입니다.

우리가 진정한 그리스도인으로 살기 원한다면, 우리에

게 '그리스도인'이라는 말이 주님을 향한 찬미와 예배를 결여한 영성에 이끌리는 허망한 자기애와 일그러진 영웅심을 감추기 위한 허울이 아니라면, 우리는 마땅히 모든 것의 시작으로 되돌아가 주님을 앙망해야 합니다. 그분에게 집중해야 합니다. 우리의 기억은 죄에 짓눌린 나머지 신앙과 영성에 대한 새로운 논의가 나올 때마다 파도처럼 일렁입니다. 이들은 우리의 마음을 현혹합니다. 그렇기에 우리는 성경이 증언하는 예수 그리스도를 통해 드러난 진리를 날마다 새롭게 만나야 합니다. 하지만 적지 않은 사람이 곧잘 삶에서 발견되는 계시, 그 주님의 조각들을 단순히 세상을 살아갈 때 필요한 도덕적인 소양 내지 종교심을 키우는 기술 정도로 치부했습니다. 어쩌면 지금도 우리는 계시를 주님께 영향력을 행사하는 수단이라고 여길지도 모릅니다. 영성에 관한 한, 우리는 전혀 신뢰할 만한 존재가 아닙니다. 매일 아침, 낮, 그리고 밤 우리는 다시 주님께 돌아가야 합니다. 신앙의 근원이 되는 주님께 돌아가 새로운 삶과 신앙의 여정을 준비해야 합니다.

이블린 언더힐이 엮고 쓴 이 기도서에는 우리의 여정에 도움의 손길을 내미는, 언더힐 본인을 포함한 위대한 신앙의 선배들의 기도들이 담겨 있습니다. 이 기도서를 통해 우리는 매일 자신을 되돌아보고 기도하면서, 우리가 누구인지 또 우리가 누구에게 속해 있는지 기억하게 될 것입니다. 이 기도서를 발굴하고 편집한 로빈 위글리-카는 제가 캐나다 밴쿠버의 리젠트 대학에서 가르쳤던 제자이기도 합니다. 그녀는 언제나 주님과 진지하게 씨름하는 탁월한 학생이었습니다. 저는 기쁜 마음으로 여러분에게 매일 이 기도서를 읽어 보라고 권합니다. 『영성가의 기도』는 우리가 모든 것의 시작이신 주님께 돌아가는 데 도움을 줄 것입니다.

편집자의 글

로빈 위글리-카Robin Wrigley-Carr

기도서를 발견하기까지의 과정

2016년 저는 영국에 있는 고문서 보관소들을 돌아다니며 프리드리히 폰 휘겔Friedrich von Hügel(1852~1925)이 이블린 언더힐에게 미친 영향을 연구하고 있었습니다.[1] 연구가 끝날 무렵, 저는 언더힐이 여러 차례 기도 모임을 인도했던 첼름스퍼트 근교 플레시에 위치한 피정의 집을 별생각 없이 방문하게 되었습니다. 늦은 오후, 피정의 집에서 저는 진한 갈색 가죽 장정으로 된 공책 한 권을 발견했습니다. 켈트식 문양이 새겨진 두 개의 청동 걸쇠로 고정되어

---

[1] 오스트레일리아 신학 연구 재단Australian Research Theology Foundation Inc. 은 연구를 할 수 있도록 재정적인 후원을 해주었습니다. 이에 심심한 감사를 표합니다.

있던 그 공책은 얼핏 보기에 잠겨 있는 듯했지만 열 수 있었고, 빨간색 글씨로 시작되는 머리글을 포함해 여러 기도문이 눈에 들어왔습니다.

언더힐을 연구하는 학자들은 그녀가 기도 모임을 인도할 때마다 사용했던 기도서의 존재를 언급해왔습니다. 언더힐의 친한 친구인 마거릿 크로퍼Margaret Cropper에 따르면 언더힐은 본인이 직접 고르고 만든 '특별한 기도서'를 항상 가지고 다니면서 기도 모임 시간에 기도문을 읽었습니다. 1990년 그레이스 아돌프센 브라메Grace Adolphsen Brame는 곳곳에 'P.B.'라는 쓰여있는 언더힐의 미출간 원고를 발견했습니다. 브라메는 그 표시가 언더힐이 쓴 '기도서'Prayer Book의 약자라고 추측하면서 안타까워했습니다.

> 그 책은 지금 찾을 수 없다. … 이블린 언더힐이 직접 만든 작은 기도서, 본인이 사랑했던 기도문을 손수 적어놓은, 이 세상에 단 하나밖에 없는 그 책 말이다. … 그 책이 발견된다면, 그 책은 값어치를 매길 수조차 없는 보물일 것이다.[2]

수십여 년 동안 학자들이 분실되었다고 여겼던 그 "보

---

[2] Grace Adolphesn Brame, *The Ways of the Spirit* (New York: Crossroad, 1994), 39.

물"이 우연히 제 앞에 모습을 드러냈습니다. 책을 발견했을 당시에는 몰랐지만, 시간이 지나고 나서 저는 이 책이 1928~1938년 사이에 언더힐이 만든 두 번째 기도서라는 사실을 알게 되었습니다. 기도서를 읽다 보면 판독하기 어려운 글을 접하곤 했는데 1938년 건강이 악화된 그녀가 침대에 누운 상태로 기도문을 썼기 때문이라고 생각합니다. 그렇다면 이 기도서는 어떠한 연유로 갑작스럽게 그 모습을 드러낸 것일까요?

2004년 캐나다 출신의 사제 빌 커크패트릭Bill Kirkpatrick은 오래전 옥스팜Oxfam이 운영하는 구제 가게에서 얻었던 가죽 양장의 기도서를 플레시 피정의 집으로 보냈습니다. 동봉한 편지에 그는 기도서가 "우리가 사로잡혀 있는 신비에 집중할 수 있도록 도와주는 좋은 기도들로 가득 차 있다"고 말했습니다.[3] 기도서를 전해 받은 피정의 집 관장은 이 책을 서류철에 보관해두었지만, 다른 사람들은 이를 미처 알지 못했던 것 같습니다.

얼떨결에 "보물"을 발견한 저는 주님께서 이 발견을 준비하셨다는 확신과 함께 기도서를 필사하기 시작했습니다. 필사를 하는 동안 성경의 말대로 활짝 웃고 있는 "많은 증인이 구름처럼"(히브 12:1) 저를 둘러싸고 격려하

---

[3]   Letter from Fr Bill Kirkpatrick to the Warden at Pleshey, 2 June 2004, the House of Retreat archive, Pleshey.

고 있다는 인상을 받았습니다. AD 3세기부터 20세기 초까지 다양한 시대와 각기 다른 교회의 전통에서 나온 기도이지만 주님을 열렬히 사랑했던 이들이 남긴 신앙의 흔적이라는 점에서는 같았기 때문입니다. 수십 년 동안 언더힐은 이 기도들을 영혼의 양식으로 삼아 기도 모임에 참여한 수많은 사람을 먹이고 양육했습니다.

몇 달 뒤, 필사본과 원본을 비교하기 위해 다시 플레시 피정의 집을 찾았을 때 또다시 놀라운 일이 일어났습니다. 언더힐의 기도서가 한 권 더 발견된 것입니다. 두 번째로 발견된 기도서는 먼저 발견된 것보다 더 이른 시기에 작성된 것으로 기도들이 작성 시기 순으로 배열되어 있었습니다. 노란색과 파란색 꽃무늬로 가득한 기도서 표지와 기도서 안에 꽂혀 있던 하늘색 리본 모양의 책갈피를 보면서 저는 여러 기도를 모으는 언더힐의 모습을 떠올렸습니다. 이 기도서는 언더힐이 기도 모임을 시작한 1924년부터 두 번째 기도서를 만들 때인 1928년 사이에 만들어진 것으로 보입니다. 첫 번째 기도서 분량은 67페이지고 두 번째 기도서는 그 두 배에 가까운 129페이지입니다.[4] 두 기도서 모두 기도문이 붉은 색으로 된 손글씨로 시작하였고 매 페이지 위에는 기도서 뒤 색인에 상응

---

[4] 첫 번째 기도서는 언더힐에 관한 전기를 쓴 크리스토퍼 암스트롱 Christopher Armstrong이 플레시 피정의 집에 기부했다.

하는 제목이 적혀 있었습니다. 또한 첫 번째 기도서에 실린 기도문 중 55개는 두 번째 기도서에도 실려있었습니다. 이 책은 두 번째 기도서를 바탕으로 만들었습니다. 원래 기도서는 페이지마다 번호와 주요 단어를 써 놓아 색인을 통해 유사한 기도문들을 찾을 수 있게 해놓았습니다만, 이 책은 꼭 이를 따르지는 않았습니다.*

언더힐의 기도서를 발견하게 된 과정을 설명했으니 이제는 기도서와 직접 연관된 언더힐의 두 가지 배경, 언더힐이 기도서를 만들면서 기도문들을 수록하는 데 영향을 미친 정황, 즉 언더힐과 프리드리히 폰 휘겔에 관한 이야기, 그리고 언더힐이 실제로 이 기도서를 사용했던 기도 모임에 관한 이야기를 하고자 합니다.

이블린 언더힐에 관하여 - 프리드리히 폰 휘겔이 미친 영향을 중심으로

이블린 언더힐은 1875년 세속적인 가정에서 태어났습니다. 아버지는 유명한 변호사였고 자신의 딸이 어렸을 때부터 독서에 흥미를 갖도록 독려했습니다. 사립학교에 들어가기 전 언더힐은 이미 집에서 별도의 교육을 받았으며 사립학교를 졸업한 뒤에는 당시 설립되지 얼마되지 않은, 여성을 위한 고등교육 기관인 킹스 칼리지에서 역사

---

* 한국어판의 경우 원서의 순서는 그대로 따르되 제목을 새롭게 달아두었음을 밝힌다.

학과 식물학을 공부했습니다. 그녀는 다양한 분야에 전방위적인 관심을 보였고 글쓰기에도 재능이 있었습니다. 언더힐이 1902년 처음 출간한 책은 법과 관련한 재치 있는 농담들을 모아놓은 책이었고 이외에도 세 편의 소설을 썼습니다.

언더힐의 부모는 그녀가 종교에 관해 별다른 관심을 갖지 않기를 바랐지만 그녀는 1904년 황금여명회Order of the Golden Dawns라는 단체에 가입할 만큼(실제로 소속된 기간은 그리 길지 않았습니다만) 불가사의하고 신비한 일들에 관심이 많았습니다.[5] 한 편지에서 언더힐은 자신의 신앙 여정에 관해 이야기한 바 있습니다.

> 8~9년 정도 되는 시간 동안 저는 저 자신이 무신론자라고 확신했습니다. 그러나 어부가 던진 그물이 천천히 저를 감싸 안았습니다. 주님께서 조금씩 다가오신 것이지요. 하지만 그 와중에도 제 안에 있던 절반의 '나'는 주님을 바라면서도 또 다른 '나'는 이를 원하지 않았습니다. 오랜 시간 저는 거칠게 저항했습니다.[6]

---

[5]   Christopher J. R. Armstrong, *Evelyn Underhill* (London: Mowbray, 1975), 38.

[6]   Charles Williams (ed.), *The Letters of Evelyn Underhill*, 125.

이윽고 1907년 언더힐은 수도원에서 며칠 머물다가 신비로운 경험을 통해 교회에 헌신하는 일이야말로 참된 신앙이라고 확신하게 되었습니다.[7] 처음에 그녀는 로마 가톨릭 교회 신자가 되고자 했지만 약혼자였던 휴버트가 이를 "슬픔과 분노와 고통이 몰아치는 폭풍"처럼 반대했습니다.[8] 결국 약혼자의 반대와 당시 로마 가톨릭 교회의 모더니즘 문제Catholic Modernist crisis 등으로 그녀는 로마 가톨릭 교회 교인이 되기를 포기합니다.[*]

1921년 언더힐은 정식으로 성공회 신자가 되었습니다. 로마 가톨릭 교인이 되고자 했던 그녀가 성공회 신자가 된 데에는 폰 휘겔의 영향이 컸습니다. 언더힐은 가톨릭 영성가들에게 많은 영향을 받았고 종종 로마 가톨릭 교회에 가서 예배를 드렸지만 평생 성공회 신자로 남았습니다.[9] 결과적으로 언더힐의 이러한 선택은 20세기 초 성

---

[7]   Charles Williams (ed.), *The Letters of Evelyn Underhill*, 125.

[8]   Margaret Cropper, *The Life of Evelyn Underhill*, 30.

[9]   1931년에 쓴 편지에서 언더힐은 말했다. "주님께서는 저를 성공회로 밀어 넣으셨고, 제가 이곳에 있는 영혼들을 위해 끊임없이 무언가를 하도록 하셨습니다. 그분께서는 제가 교회를 옮기는 것을 허락하지 않으셨어요." Charles Williams (ed.), *The Letters of Evelyn Underhill*, 195.

[*]   19세기 말과 20세기 초, 가톨릭 신앙을 근대적 맥락에 맞춰 수정, 보완하려고 했던 진보적인 학자들 중심의 일련의 운동을 뜻한다. 1907년, 교황 비오 10세Pius X가 모더니즘을 이단으로 규정하면서 널리 알려지게 되었다.

공회, 더 넓게는 개신교계가 가톨릭 영성의 깊이와 가치에 눈을 뜨는데, 기도의 중요성, 일상과 예배의 연관성에 대해 숙고해 보게 해주었습니다. 언젠가 캔터베리 대주교 마이클 램지Baron Ramsey of Canterbury는 언더힐이 1920~1930년대 성공회에서 "그리스도인의 삶에 기도가 가장 중요한 위치를 차지하며, 관조적인 삶이 얼마나 중요한지를" 강조하고 사람들에게 가르친 선구자였다고 평가했습니다.[10] 그녀는 평생 400편이 넘는 글을 썼으며 39권의 저작을 남겼습니다. 그리고 초기작인 『신비주의』Mysticism와 후기작인 『예배』Worship는 모두 해당 분야의 고전이 되었습니다. 그녀는 옥스퍼드에서 신학 강의를 했던 최초의 여성이었으며, 성공회 사제들을 가르친 최초의 여성이기도 했습니다.

언더힐에게 가장 커다란 영향을 미친 인물은 폰 휘겔이었습니다. 1919년부터 1925년까지 폰 휘겔에게 영성지도를 받으며 언더힐의 삶은 극적으로 변했습니다. 친구 루시 멘지스Lucy Menzies는 폰 휘겔이 이블린 언더힐에게 미친 영향을 이렇게 표현했습니다.

그는 영적인 문제에서 대법원과 같은 존재였다. … 언더

---

10   Lord Ramsey of Canterbury, Foreword to Christopher J. R. Armstrong, *Evelyn Underhill*, xi~x.

힐은 폰 휘겔의 영성으로 깊이 그리고 흠뻑 자신을 적셨
다.[11]

영적인 삶, 신앙생활에 관해 추상적으로 이해하고 방황하
던 그녀는 폰 휘겔을 통해, 그의 영향을 받아 그리스도를
만났습니다. 이를 두고 그녀는 말했습니다.

> 5년 전까지 저는 주님과 인격적인 만남을 가진 적이 없
> 었습니다. 인격적인 만남이 무슨 뜻인지조차 알지 못했
> 지요. … 하지만 폰 휘겔은 기도를 통해, 혹은 다른 여러
> 실천을 통해 제가 그리스도를 만날 수 있도록 인도했습
> 니다. 그는 제가 겪은 일에 대해서 어떠한 말도 하지 않
> 았지만, 저는 제가 그에게 빚을 지고 있음을 알고 있습니
> 다. 해가 천천히 올라오는 모습을 보다가 어느 순간 아침
> 이 무엇인지 확실히 알게 되는 것처럼, 저는 4개월이란
> 시간이 흐르는 중에 어느 순간 그리스도와 만난다는 것
> 이 무엇을 뜻하는지 확실히 알게 되었습니다.[12]

폰 휘겔은 언더힐 영성의 중심에 그리스도가 있게 하는

---

[11] Lucy Menzies, 'Memoir' to Evelyn Underhill, in Evelyn Underhill, *Light of Christ* (London: Longmans, Green and Co., 1944), 19~20.

[12] Margaret Cropper, *The Life of Evelyn Underhill*, 102.

데 도움을 주었을 뿐 아니라 그녀의 신학적 사고와 영성이 교회의 실천적인 삶과 연결되도록 격려했습니다.[13] 그는 언더힐의 신앙이 지나치게 지성중심적이라고 판단하고 어느 정도 "탈지성"de-intellectualizing의 과정이 필요하다고 권고했습니다.[14] 그는 그리스도교 신앙에 대한 지적인 탐구는 가난한 이웃을 돕는 일, 예배 및 성찬에 참여하는 일과 균형을 이루어야 한다고 생각했습니다.

언더힐이 영성 서적들을 참고할 때도 폰 휘겔은 커다란 영향을 미쳤습니다. 그는 언더힐에게 몇몇 신학자와 영성가의 글을 추천하면서 그들의 글을 매일 15분씩 읽으라고 권고했습니다. 그는 영적 독서란 입안에서 사탕이 녹듯 읽는 이가 자각하지 못하는 사이에 사상이 몸과 마음에 스며드는 것이라고 말했습니다.[15] 이 같은 맥락에서 폰 휘겔은 신학자와 영성가의 글은 단순히 지적으로 읽는 것이 아니라 애정을 담아, 기도를 병행하면서 읽어야 한다고 말했습니다. 그는 글에 담긴 통찰이 읽는 이의 혈관

---

13 폰 휘겔은 영성 지도를 하면서 종교에는 세 가지 요소가 있다고 가르쳤다. 첫 번째 요소는 '신비의 요소'Mystical Element로 이는 체험과 관련이 되어 있으며 두 번째 요소는 '지성의 요소'Intellectual Element로 지성과 관련이 있다. 마지막 요소인 '제도의 요소'Institutional Element는 교회의 공동체적이면서도 구체적인 활동, 즉 성사들과 관련이 있다.

14 Margaret Cropper, *The Life of Evelyn Underhill*, 75.

15 MS VII. 143 fo. 196a-b, St Andrews University Special Collections.

을 타고 몸과 마음 구석구석으로 퍼져나가야 한다고, 그렇게 읽는 사람의 몸과 마음에 뿌리내려야 한다고 보았습니다. 그러므로 언더힐이 인용한 기도문의 저자 목록에서 폰 휘겔이 미친 영향을 발견하기란 그리 어려운 일이 아닙니다.

분명한 예로 언더힐이 기도서에서 가장 빈번하게 인용한 토마스 아 켐피스Thomas à Kempis의 『그리스도를 본받아』 De Imitatione Christi를 들 수 있습니다. 『그리스도를 본받아』 는 폰 휘겔이 항상 추천했던 신앙 도서로 신앙생활과 영성을 지도하는 이들은 이 책의 내용을 살아내야 한다고 말했습니다. [16,17] 아우구스티누스의 『고백록』Confessions 또한 폰 휘겔의 단골 메뉴였습니다. [18] 한 편지에서 그는 50년이 넘도록 자신의 영혼 가장 깊은 곳부터 이 책에 담긴 의미를 "살아내려" 노력했다고 쓴 바 있습니다. [19]

---

[16] Bernard Holland (ed.), *Selected Letters of Baron Friedrich von Hügel and Professor Kemp Smith* (New York: Fordham University Press, 1981), 242~3.

[17] Gwendolen Greene (ed.), *Letters from Baron von Hügel to a Niece* (London: J. M. Dent and Sons, 1927), p. 75. 언더힐이 『그리스도를 본받아』를 자신을 따르는 이들에게 권한 것은 당연해 보인다. (Williams (ed.), *The Letters of Evelyn Underhill*, p. 273).

[18] Charles Williams (ed.), *The Letters of Evelyn Underhill*, p. 240.

[19] Gwendolen Greene (ed.), *Letters from Baron von Hügel to a Niece*, p. 45.

장 그루,[20] 프랑수아 페늘롱,[21] 프란치스코 살레시오,[22] 아빌라의 테레사와 십자가의 요한,[23] 장 피에르 드 코사드,[24] 에르제베트 르쇠르와 같이 폰 휘겔이 자주 추천했던 이들의 기도문 또한 이 기도서에 담겨 있습니다.[25] 기도서는 성경, 그중에서도 시편을 눈에 띄게 인용하는데, 폰 휘겔은 영성 지도를 하면서 그리스도교 영성의 진정한 풍요로움, 그 실재를 깨닫기 위해서는 시편으로 기도해야 한다고 자주 이야기했기 때문입니다.[26] 기도서에 인용된 저자들의 목록을 살펴보면 폰 휘겔이 언더힐에게 미친 영향을 짐작할 수 있지만, 이 기도서에는 언더힐 본인이 직

---

20   Charles Williams (ed.), *The Letters of Evelyn Underhill*, pp. 163, 220, 271; F. R. Lillie (ed.), *Some Letters of Baron von Hügel* (Chicago: privately printed, 1925), p. 41. 언더힐도 자신을 따르는 이들에게 그루의 저작을 읽을 것을 권했다. (Williams (ed.), *The Letters of Evelyn Underhill*, p. 271).

21   Charles Williams (ed.), *The Letters of Evelyn Underhill*, p. 324. 폰 휘겔은 페늘롱이 자신의 '내적 삶'에 '가장 직접적인' 도움을 줬다고 회고했다. (Greene (ed.), *Letters from Baron von Hügel to a Niece*, p. 110).

22   Charles Williams (ed.), *The Letters of Evelyn Underhill*, p. 326.

23   Charles Williams (ed.), *The Letters of Evelyn Underhill*, p. 325.

24   Charles Williams (ed.), *The Letters of Evelyn Underhill*, pp. 212, 291.

25   Lawrence Barmann (ed.), *The Letters of Baron Friedrich von Hügel and Professor Kemp Smith* (New York: Fordham University Press, 1981), pp. 242-3. 언더힐은 더 넓은 차원의 영적 요구에 따라 사는 삶에 대한 이상으로 르쇠르를 제시했다. (Cropper, *The Life of Evelyn Underhill*, p. 197).

26   Gwendolen Greene (ed.), *Letters from Baron von Hügel to a Niece*, p. 130. 언더힐도 자신을 따르는 이들에게 시편을 '매일의 양식'으로 여기라고 권한다. (Williams (ed.), *The Letters of Evelyn Underhill*, p. 292).

접 쓰거나 고른 기도들도 있습니다. 찰스 윌리엄스Charles Williams에 따르면 언더힐은 새로운 기도를 기도서에 넣기 전에는 일종의 유예 기간을 가지고 기도문의 내용과 유용성 등을 따져 보았다고 합니다.[27]

기도서에 인용된 저자들

첫 번째 기도서는 대부분 다양한 그리스도교 전통에서 배출한 탁월한 신앙 선배들의 기도로 채워져 있으며 기도서의 앞이나 뒤에는 언더힐 본인이 쓴 짧은 글이 적혀있습니다. 두 번째 기도서는 대부분 언더힐이 직접 쓴 장문의 기도문으로 이루어져 있습니다. 그러므로 두 권을 합친 이 기도서에서 저자나 저서를 따로 언급하지 않는다면 그 기도문은 언더힐이 쓴 것이라고 이해하면 됩니다.

언더힐이 인용한 저자들은 3세기와 20세기 사이에서 네 세기(5, 7, 14, 18세기)를 빼고 분포되어 있고 다양한 신앙 전통에 속했습니다. 여러 전례 예식에서 쓴 기도들도 차용하고 있는데 이를 통해 우리는 그녀의 방대한 독서량과 교회 전통에 관한 해박한 지식을 엿볼 수 있습니다.

그녀는 과거 신학자, 영성가들의 기도뿐만 아니라 자신의 친구인 소렐라 마리아 디 캄펠로Sorella Maria di Campello

---

27 Charles Williams (ed.), *The Letters of Evelyn Underhill*, p. 333.

의 기도를 인용하기도 했습니다.[28] 어떤 기도는 글씨체가 다른데 이는 언더힐의 생애 말, 그녀를 보살폈던 간호사이자 친구인 마조리 버논Majorie Vernon이 대필한 것으로 보입니다.[29] 이제 언더힐이 이 기도들을 어떻게 사용했는지를 살펴보겠습니다.

이블린 언더힐의 영성 지도

1922년 언더힐은 처음으로 플레시 피정의 집을 찾았습니다. 첫 번째 기도 모임때 그녀는 묵상과 기도를 할 때 퍼지는 신비로운 평화와 빛을 낯설어했지만 기도 모임을 마치고 나서는 이 세상이 얼마나 괴로운 소음으로 가득한지를 깨달았습니다.[30] 1923년 6월에 루시 멘지스Lucy Menzies에게 쓴 편지에서 언더힐은 말했습니다.

나는 플레시 피정의 집을 찾아가곤 해.[31]

---

[28] 소렐라 마리아는 캄펠로에 있는 프란시스 수녀회에서 교파에 구애받지 않는 공동체를 이끌고 있었다. 언더힐은 1925년 이곳을 방문하여 그녀와 깊은 친교를 나눴다.

[29] 이블린 언더힐의 기도서 원본에는 마조리 버논이 직접 적어 넣은 기도문이 있다.

[30] Margaret Cropper, *The Life of Evelyn Underhill*, p. 124.

[31] Charles Williams (ed.), *The Letters of Evelyn Underhill*, p. 316.

플레시 피정의 집은 내게 정답고 특별한 장소, 나만의 플레시가 되었어.[32]

플레시는 여러 세기 동안 이어져 온 기도와 경배로 흠뻑 젖어있는 곳이야. 그곳은 항상 생명과 빛으로 충만해.[33]

1924년 플레시 피정의 집은 언더힐에게 기도 모임 인도와 영성 지도를 요청했고 그녀는 흔쾌히 이를 수락했습니다. 플레시 피정의 집에서 모임을 인도하는 것은 자신의 오랜 소원이었다는 말과 함께 말이지요.[34] 당시 여성이 피정의 집에서 기도 모임을 인도하고 영성 지도를 하는 일은 매우 드물고 또 신선한 일이었습니다. 언더힐의 가르침을 두고 T.S.엘리엇T.S. Eliot은 말했습니다. "그녀는 특유의 명민함과 소박함으로 다른 사람들이 영적으로 풍요로운, 신앙적으로 성숙한 삶을 살도록 도움을 주었다."[35] 이후 10년 넘게 언더힐은 플레시를 포함해 모스턴, 레이스

---

[32] Charles Williams (ed.), *The Letters of Evelyn Underhill*, p. 150.

[33] Lucy Menzies, 'Memoir', p. 12.

[34] Margaret Cropper, *The Life of Evelyn Underhill*, p. 122. 1907년에 지어진 이 건물은 본래 수도자를 양성하는 교육 시설로 지어졌으나 이후 기도 모임을 주관하는 장소로 변경되어 사용돼왔다.

[35] Letter from T. S. Eliot to Audrey Duff, dated 24 July 1941, Faber and Faber files, quoted in Carol Postons 'Introduction' to *Evelyn Underhill: The Making of a Mystic* (Chicago, IL: University of Illinois Press, 2010), p. xviii.

턴 애비, 글래스턴버리와 리틀 콤프턴에서 기도 모임을 인도했습니다.[36] 많을 때는 1년에 7~8회 기도 모임을 인도하고 영성 지도를 했으며 그중 2회는 언제나 플레시 피정의 집에서 진행했습니다. 기도 모임은 짧게는 3일, 길게는 2주 넘게 진행되기도 했습니다. 언더힐이 세상을 떠나기 전 마지막 15년 동안 나온 책들은 그녀가 인도하는 기도 모임에서 참가자들에게 가르친 내용에 기초를 두고 있습니다.

기도 모임에서 언더힐은 묵상을 인도하고 짧게 강의를 했습니다. 묵상은 주로 토요일과 일요일 정오에 이루어졌고 사람들은 특정 성경 구절을 읽은 다음 기도했습니다.[37] 매일 오전 10시, 오후 5시와 8시 30분 언더힐은 모임 참가자들에게 강의를 하거나 자신의 생각을 나누었습니다. 그녀는 언제나 주제를 정확하게 드러내는 은유를 썼는데 이후 그녀의 강의록, 연설들을 모아 출간된 책의 제목만 봐도 이를 잘 알 수 있습니다.[38]

---

[36] Margaret Cropper, *The Life of Evelyn Underhill*, p. 170.

[37] 언더힐의 묵상이 출판된 사례로는 *Meditations and Prayers* (London: Longmans, Green and Co., 1949)을 들 수 있다.

[38] 『영혼의 집』The House of the Soul(1926), 『정화의 산』The Mount of Purification(1931), 『그리스도의 빛』The Light of Christ(1932), 『아바』 Abba(1934), 『희생의 신비』The Mystery of Sacrifice(1935), 『성령의 열매』The Fruits of the Spirit(1936).

언더힐은 대체로 하루 전 피정의 집에 도착해서 미리 모임을 준비했습니다. 그녀는 기도 모임 때 해당 주제의 핵심을 보여주는 구절 및 시각 자료를 광고판에 걸어 놓고 예배당 현관에는 성경 구절, 묵상할 때 도움이 될 만한 조언, 상담 시간, 성가들을 써서 비치해 놓았습니다.[39] 예배는 매일 정오에 드렸고 오후 2시부터 4시 30분까지는 휴식을 취했습니다. 언더힐에게는 언제나 중보 기도를 해 주는 이들이 있었고 모임이 끝나는 밤이 되면 그들의 이름을 소개하곤 했습니다.[40] 그녀는 매일 두 번씩 모임에 참석한 이에게 영성 지도 및 신앙 상담을 했습니다.

이 모든 과정에서 기도서는 매우 중요한 역할을 맡았습니다. 그녀는 모임 중 예배를 인도할 때 기도서를 사용했습니다. 언더힐은 다양한 전통과 예식에서 나온 기도들을 가져다 각 모임의 주제에 맞춰 배열했고, 기도문에 펜과 연필로 메모를 남겼습니다. 때로 그녀는 기도문을 모임의 성격과 상황에 맞추어 수정하기도 했고 표현을 바꾸기도 했으며 일부 표현을 삽입하기도 했습니다. 이는 그녀가 기도 모임의 맥락에 맞춰 기도문을 다르게 활용했음을 암시합니다. 또한 기도서 원본은 곳곳에 빈 페이지가

---

39   Lucy Menzies, 'Memoir', p. 13.

40   해마다 봄이 되면 언더힐은 기도 모임을 위해 기도해 주는 이들에게 기도 모임 일정이 적힌 작은 엽서를 보내곤 했다.

있는데 이는 언더힐이 새로운 기도문을 추가할 가능성을 언제나 염두에 두고 있었음을 보여줍니다. 이 책은 오랜 교회의 역사 속에서 환하게 빛나는 기도들을 이블린 언더힐의 남다른 영성으로 조명한 기도서라 할 수 있습니다. 그리고 이 기도서는 독자들의 적극적인 참여를 요청합니다. 이 기도서를 읽는 방식에는 정답이 없습니다. 언더힐의 신앙 여정을 따라가듯이 순서대로 읽으셔도 좋고, 목차를 보면서 남다르게 다가오는 제목의 기도부터 시작해도 좋습니다. 뒷부분에 나오는 인물 소개란을 보고 관심이 가는 영성가들의 기도를 묵상하고 이어서 그들의 저작을 읽거나 이 책의 기도 위에 여러분의 기도를 덧붙여도 좋습니다. 이 기도서가 그리스도교 공동체, 그리고 이 책을 집어 든 당신의 삶을 풍성하게 하기를 바랍니다. 이 기도서를 통해 지난날 사람들이 그랬듯이 말이지요.

이 기도서가 그리스도교 공동체, 그리고
이 책을 집어 든 당신의 삶을 풍성하게 하기를 바랍니다.

첫 번째 기도서

1

모든 기도의 시작

• 주님과 더욱 친밀하게 교제할 수 있기를 간구합시다.

하늘에 계신 우리 아버지,
아버지의 이름을 거룩하게 하시며
아버지의 나라가 오게 하시며
아버지의 뜻이 하늘에서와같이
땅에서도 이루어지게 하소서.
오늘 우리에게 필요한 양식을 주시고
우리가 우리에게 잘못한 이를 용서하듯이
우리의 잘못을 용서하시고
우리를 유혹에 빠지지 않게 하시고 악에서 구하소서.
나라와 권세와 영광이 영원토록 아버지의 것이옵니다.
아멘.

2

영원한 교제를 간구하며

주님, 우리가 당신만을 찾게 하소서.
당신께 마음을 활짝 열고
우리 영혼이 당신으로 인해 기쁨에 젖어 들게 하소서.

선한 주님, 당신과 우리가 속삭일 때
우리는 연인처럼, 오랜 벗처럼 이야기를 나눕니다.
우리가 주님 곁으로 다가가
당신 안에서, 당신과 하나 되게 하소서.
그리하여 우리 자신을 온전히 잊어버리기 원합니다.
당신께서 우리와 함께, 우리가 당신과 함께 있어
언제나 서로에게 머무르기를,
영원히 하나를 이루어 살기를 기도합니다.

- 토마스 아 켐피스

3
달콤한 주님의 사랑을 찬미하며

- 인내와 용기의 은총을 달라고 간구합시다.
  주님께서 우리를 치유해주시기를,
  그분의 능력과 힘이 우리 영혼을 적시기를 기도합시다.

주님, 당신을 경외하는 이에게
당신은 얼마나 사랑스럽고 달콤한지요.
하지만 당신을 사랑하는 이에게 당신은 어떤 분이십니까?
온 마음과 정성으로 당신을 섬기는 이에게
당신은 어떤 분이십니까?
당신을 사랑하는 이에게 주시는 기도의 달콤함은

이루 말할 수 없습니다.
우리가 기도하는 시간에 당신께서는
자비로운 사랑을 아낌없이 보이십니다.
우리가 존재하지 않았을 때 당신께서는 우리를 만드셨고
우리가 당신에게서 멀어졌을 때
당신은 우리를 이끄셔서 우리가 당신을 섬기게 하셨으며
당신을 사랑하라는 계명을 주셨습니다.
당신께서 우리를 잊지 않으시니
우리가 어떻게 당신을 잊어버릴 수 있겠습니까?
우리가 실패했을 때조차 당신께서는
미천한 종인 우리에게 자비를 베푸셨습니다.
우리가 황량한 사막 가운데 있을 때도
당신께서는 우리에게 은총과 우애를 보여주셨습니다.

- 토마스 아 켐피스

4

언제나 우리를 찾아오소서

• 주님의 뜻을 행할 수 있도록 은총을 내려주시기를 간구합시다.

하늘에 계신 아버지,
우리 주 예수 그리스도의 아버지시여,
당신께서 우리를 기억하시니 당신을 찬미합니다.

당신께서 우리 마음으로 찾아오실 때
우리 마음은 당신의 기쁨으로 가득 찹니다.
당신께서는 우리의 영광이시며
우리 마음이 부르는 노래의 제목입니다.
당신께서는 우리의 소망이시며
힘겨운 날의 피난처 되십니다.
우리의 사랑은 연약하고 우리의 덕은 흠이 많으니
주님, 우리에게 힘을 주소서. 언제나 우리를 찾아오소서.
당신의 거룩한 교훈으로 우리를 가르치소서.
우리가 악을 향해 내달릴 때 우리를 구하소서.
우리가 그릇된 사랑에 빠질 때 우리를 구하소서.
우리 내면을 치유하시고 정화해주소서.
그리하여 진실하게 사랑하고, 고난에도 지치지 않으며,
한결같이 인내하도록 하소서.

- 토마스 아 켐피스

5
주님의 뜻을 갈망하며

우리가 상상할 수 없는 자비를 베푸시는 예수여,
부디 은총을 베푸셔서
언제나 우리와 함께, 우리 안에 깃들어

마지막 날까지 삶으로 피어오르게 하소서.

언제나 당신의 뜻을 갈망하게,

당신께 가장 합당하고 가장 기뻐하시는 일을

행하게 하소서.

당신의 뜻이 우리의 뜻이 되게 하시고,

어느 때든지 우리의 뜻이 당신의 뜻을 따르며

당신의 뜻에 동의하게 하소서.

당신과 따르고자 하는 이와 있을 때 우리와 함께하소서.

당신을 따르고자 하지 않는 이와 있을 때도

우리와 함께하소서.

우리가 오직 당신의 뜻을 바라게 하소서.

당신의 이름을 위하여 이 세상에서 미움과 천대를

받는 것을 사랑하게 하시고,

무엇보다 당신 안에서 우리 영혼이

안식을 누리고자 하는 간절한 마음을 주소서.

당신께서는 우리 마음의 참된 평화이며

유일한 안식처입니다.

당신 없이는 모든 일이 고되고 불안하기만 합니다.

우리의 마음이 항상 참되며 당신 안에 머무르게 하소서.

우리가 하는 모든 일이 당신의 기쁨이 되도록

우리를 인도하소서.

당신께서 우리에게 베푸시는 일은

그 무엇이라도 옳고 선합니다.
당신께서 우리를 빛 안에 거닐게 하시기에
당신을 찬미합니다.
당신께서 설사 우리를 어둠 속에서 헤매게 한다 하셔도
당신을 찬미합니다.
당신께서 뜻하신 바가 무엇이든지,
우리가 당신을 위하여 기꺼이, 기쁨으로 고난을
감내할 수 있도록 은총을 내려주소서.
당신께서 펼치시는 선과 악의 손길을,
쓰라리고 아픈 손길과 달콤한 손길을,
기쁨의 손길과 아픔의 손길을 차별 없이
한마음으로 받도록 하소서.
그리고 우리가 겪는 모든 일에 대하여
당신께 감사드리게 하소서.

- 토마스 아 켐피스

6
당신을 닮게 하소서

주님, 당신을 닮게 하소서.
우리는 한낱 인간에 불과하나
당신께서는 우리를 당신의 모습으로 빚으실 수 있습니다.

당신께서 몸소 피조물의 몸을 입으셔서
아버지께 영광을 돌리셨으니
온 세상은 우리가 당신과 같이 될 수 있다는
가장 경이로운 증거를 알게 되었습니다.
아버지께서 예수를 통하여 우리에게 주신
그 은총을 우리가 입게 하소서.
당신의 신성에 참여하게 하소서.
우리 마음의 문을 열고 들어오셔서
우리의 본질과 인격을 당신으로 가득 채우소서.

- 존 헨리 뉴먼

7

평화의 길로 인도하소서

· 주님께서 이끄시는 대로 우리의 마음을 내어드립시다.

주님, 자비로운 아버지,
우리 눈은 언제나 당신을 향합니다.
하늘의 복을 우리에게 내려주셔서
우리를 거룩하게 하소서.
우리는 당신의 거룩한 처소이며
당신의 이름을 높이는 성전입니다.
우리 영혼에 당신의 위엄을 가리는

그 어떤 더러움도 없게 하소서.

당신의 헤아릴 수 없는 선과 연민으로 우리를 보소서.

마음의 빛 잃기 십상인 당신의 작고 약한 종들을

삶의 수많은 위험으로부터 지키시고 보호해주소서.

당신의 은총을 길잡이로 삼으셔서

우리를 평화의 길로 인도하시고

영원히 빛나고 투명한 당신의 나라에 들어가게 하소서.

- 토마스 아 켐피스

8
참된 안내자를 찬미하며

참된 안내자이자 인도자이신 그리스도시여,

가장 탁월하고 신실하시며 친절하신 그리스도시여,

당신의 손을 우리에게 펼치셔서

우리의 눈을 열어주시고 당신의 길을 우리에게 밝히소서.

당신은 길이시오니 우리를 아버지에게로 인도하소서.

당신과 아버지가 하나인 것 같이

우리도 아버지와 하나가 되게 하소서.

우리가 마땅히 걸어가야 할 그 길을 보여주소서.

우리 영혼을 당신께 올립니다.

- 존 브래드포드

기쁨으로 채워 주소서

- 다시 한 번 우리의 삶을 주님께 내어드리고
  우리의 삶이 주님께 거룩히 구별되도록 간구합시다.

선하신 주님, 우리의 마음을 기쁨으로 채워 주시고
우리의 양심에 평화가 깃들게 하소서.
언제나 당신의 말씀과 약속 안에서
기쁨과 위로를 찾게 하셔서
우리가 영원토록 당신께 감사드리고
당신의 이름을 찬양하게 하소서.

9
삶의 질서를 조정해주시기를 간구하며

- 주님께서 우리 삶의 질서를 다시 조정해주시기를 간구합시다.

당신께서는 우리를 영원한 사랑으로 사랑하십니다.
우리를 용서하시고, 기르시고, 견책하십니다.
당신께서는 우리를 자유롭게 하시고
거룩한 계명을 주십니다.
모든 상황 가운데 우리를 세우신 다음
우리를 쓰시겠다 말씀하십니다.
당신께서는 당신의 모습을 우리에게 보여주셔서

우리를 먹이시며 인도하십니다.
주님, 우리의 미미한 노력을 자비와 기쁨으로 받아주소서.
이렇게 변변찮은 우리를 용서해주소서.
그리하여 우리를 영원히
당신의 자유로운 종으로 삼아주소서.

10
사랑하는 데 실패하는 우리 자신을 돌아보며

• 우리의 믿음을 크고 깊게 만들어 달라고 간구합시다.

주님, 사람들은 자신을 치고
당신께 복종하기를 두려워합니다.
자기 자신을 믿는 나머지 당신을 신뢰하는 법을
잊어버렸기 때문입니다.
주님, 우리는 그렇게 살아왔습니다.
하지만 이제는 이를 떨쳐버리기 원합니다.
당신의 사랑에 반응하지 않는 모든 것이
우리 안에서 사라지기를 바랍니다.
당신께서는 우리가 얼마나
당신의 사랑을 필요로 하는지 알고 계시며,
또한 우리의 삶이 주님을 사랑하는
거룩한 제사여야 함을 알고 계십니다.

하지만 당신의 사랑을 받기 위해서는

그만큼 우리 자신을 비워야,

내려놓아야 합니다.

우리는 결단을 내렸지만,

당신 없이는 아무것도 할 수 없습니다.

우리를 도우소서.

우리에게 힘을 북돋아 주소서.

우리는 뒤늦게 출발선에 섰습니다.

우리가 허송한 세월을 돌려주소서.

당신께서는 그렇게 하실 수 있고,

그렇게 하실 것입니다.

당신께서 그렇게 하지 않으신다면

그것은 우리의 잘못이며

우리는 당신께서 바라시는 만큼,

우리가 해야 하는 만큼

이 땅에서 당신을 사랑하지 못할 뿐 아니라

영원의 차원에서도

당신을 사랑하는 데 실패하는

우리 자신을 돌아볼 뿐입니다.

- 장 니콜라스 그루

11
마음의 눈을 가리지 않게 하소서

• 지금 하는 기도를 통해 주님께서 우리를 받아주시고
  당신 뜻대로 우리를 쓰시기를 간구합시다.

우리를 구원하시고 구속하시는 주님,
당신께서는 우리에게 생명과 은총을 주셨습니다.
부디 당신의 빛을 우리에게 환하게 비추셔서
당신을 느낄 수 있게 해주시고
무지의 그늘 아래에서 당신을 추구하게 하소서.
우리의 잘못으로부터 우리를 돌이키시고
연약한 우리에게 당신의 오른팔을 펼치소서.
당신의 도움 없이는 우리가 당신을 향해
나아갈 수 없음을 고백합니다.
오직 당신만을 갈망합니다. 당신을 보여주소서.
우리 안에 구름처럼 드리운 헛된 망상을 흩으소서.
당신께서 허락하신 당신의 모습을 볼 수 있도록
저 구름이 마음의 눈을 가리지 않게 하소서.
우리는 당신을 눈으로 볼 수 없으나
당신의 얼굴은 우리의 영원한 안식처입니다.
당신의 얼굴은 모든 갈망이 채워지고
사라지는 종착지입니다.

당신의 얼굴 너머에는 그 어떤 갈망도 없고,

그 어떤 선함도 없습니다.

당신께서는 그 모든 갈망과 선함보다

높으시기 때문입니다.

- 존 스코투스 에리우게나

12

선한 종이 되게 하소서

- 우리의 삶을 내어드리고 주님을 섬길 힘을 간구합시다.
  우리가 주님을 섬길 때 주님의 변치 않는 신실한 은총이
  우리와 함께하기를 간구합시다.

.

주님, 당신의 뜻대로 하소서. 당신의 뜻을 이루소서.

당신의 종인 우리는 당신을 섬기기 원합니다.

당신을 힘껏 섬겼던 놀라운 우리의

형제자매들을 기억합니다.

선함 가운데 선함 되시는 분이시여

우리 영혼에 힘을 주셔서 우리가 선한 종이 되게 하소서.

당신을 섬길 수 있는 길을 정해주셔서

우리 중 혹 하나라도 당신의 넘치는 선물을 받기만 하고

보답하지 않는 일이 없도록 하소서.

우리의 삶을 헤아리시고 우리의 능력을 보시며

우리의 뜻을 살피소서.

이 모든 것을 당신께 드립니다.

우리는 당신의 것입니다. 당신 뜻대로 사용하소서.

주님, 우리는 우리의 노력이 보잘것없음을

잘 알고 있습니다.

하지만 당신께서는 그런 우리를 가까이하셨고,

당신의 진리, 그 광채를 멀리서도 볼 수 있는

탑에 오르게 해주셨습니다.

당신께서 우리를 떠나지 않으신다면

우리는 모든 것을 할 수 있습니다.

- 아빌라의 테레사

13
우리를 새로이 빚어주소서

• 신뢰와 기쁨의 영이 새롭게 임하길 간구합시다.

주님, 당신께서는 당신의 모든 자녀를

불의에 맞서는 싸움으로,

당신의 나라로 부르셨습니다.

부디 우리를 받아주시고 당신께서 쓰시기에 합당하게

우리를 새로이 빚어주소서.

우리 안에 들어오셔서 우리의 영혼을 깨끗하게 하소서.

우리의 마음을 찾아오셔서 영감을 주소서.
우리에게 두려움 대신 성령을 주소서.
능력과 사랑과 거룩으로 가득한 성령을 주소서.
당신께서 예비하신 싸움터로 우리를 이끄소서.
그곳에서 우리를 만나소서.
그리고 우리를 도와주시고 위로해주소서.
우리 홀로는 할 수 있는 일이 아무것도 없습니다.
그러나 당신의 은총과 성도의 교제를 통해
이 세대가 갈급하는 것을 베풀고
다가오는 나라의 평화를 선포하게 하소서. 아멘.

· · ·

주 예수여, 당신은 거친 나무 십자가 위에서
모두가 생명의 품에 안길 수 있도록
사랑의 손을 뻗으셨습니다.
당신의 거룩한 영으로 우리를 안아주시고
우리 또한 이웃을 향한 사랑의 손을 펼치게 하소서.
그리하여 당신을 모르는 이들이
당신을 알고 사랑하게 하소서.

14

우리의 영혼을 들어 올리소서

• 그리스도와 그리스도인의 사랑과 용기에 대하여 생각해봅시다.

주님, 오직 당신에게만 있을 것을

당신을 떠나 찾지 않게 하소서.

오직 당신과 함께할 때 깃드는

평화와 안식, 기쁨과 복을 찾게 하소서.

괴롭고 심란한 생각들이 빚어낸 구름 위로

우리의 영혼을 들어 올리소서.

당신의 영원한 현존으로,

진리와 평화가 빛처럼 찬란한 당신의 현존으로

우리를 인도하소서.

그곳에서 우리는 자유롭게 숨을 쉬며 당신 사랑에 기대어

우리 자신과 우리를 힘들게 하는 모든 것으로부터

안식하게 될 것입니다.

우리는 그곳에서 당신의 평화를 입고 돌아와

당신께서 기뻐하시는 일을 세상에서 행하며

이로써 참고 견딜 것입니다.

- 에드워드 부버리 퓨지

16

안내자는 사랑밖에 없습니다

- 주님께 우리의 열정이 새로운 활력을 얻기를, 우리의 영혼이 새롭게 거듭
나기를 간구합시다.

주님, 당신은 말씀하셨습니다.
"마음이 깨끗한 자가 복이 있나니 그들이 나를 볼 것이다."
진실로 당신의 얼굴을 볼 수 있다면 얼마나 좋을지요.
당신의 얼굴을 한 번이라도 볼 수 있다면
우리는 모든 사물에 깃든 의미,
모든 사건의 의미를 배우게 될 것입니다.
그러나 우리를 당신께로 데려갈
안내자는 사랑밖에 없습니다.
그 사랑은 자신을 우선하는 사랑이 아니며
미숙한 사랑도 아닙니다.
그 사랑은 뜨거우며 한결같습니다.
그 사랑은 수고해도 지치지 않으며
어려움을 겪어도 빛이 바래지 않습니다.
자신에게 있는 모든 사랑과 갈망을
당신께로 향하는 영혼은 당신 밖에서 만족할 수 없습니다.
오직 당신 안에서만 만족할 수 있습니다.

- 거트루드 모어

17
당신을 향한 마음만 남아

• 주님께 우리가 인내하는 은총을 간구합시다.

주님, 당신을 목말라하는 삶을 주소서.
생명줄이신 당신에게 온전히 머무르게 하소서.
우리에게 가르침을 주셔서
우리의 삶이 천사와 성인처럼 되게 해주소서.
나른함과 짜증, 과민함, 무력감, 혼돈의 구멍에서
우리를 건져주소서.
그 모든 곳에 당신의 생명을 가득 채워 주소서.
당신의 숨을 불어넣어 주셔서
우리의 마른 뼈가 살게 해주소서.
생기를 넣는, 열정으로 불타오르게 하는
당신의 숨을 불어넣어 주소서.
신실해지기를 간구합니다.
신실함이야말로 우리가 원하는 모든 것이요,
당신께서 주시는 모든 것입니다.
신실함은 그 어떤 선물보다 값진 선물이며
그 어떤 미덕보다도 귀한 미덕입니다.
신실해지기를 간구합니다.
실족하지 않을 힘과 한결같은 마음, 인내를 주소서.

신실해지기를 간구합니다.

사리사욕을 없애고 순전한 마음으로

당신에게 기쁨을 드리길 원합니다.

믿음과 소망과 사랑을 하늘에서와같이

이 땅에서 행하기를 원합니다.

열정을 주소서.

달콤하기 그지없는 기도의 은사를 허락해주소서.

우리를 거룩하게 빚어주소서. 평화와 기쁨을 허락하소서.

당신을 향한 열정이 불타오르게 해주소서.

그리하여 우리 안에 있는 모든 것은 재가 되고

오직 당신을 향한 마음만 남아

당신께서 주시는 모든 선물을 받을 수 있게 하소서.

주님, 우리의 본질과 인격 안으로 들어오셔서

당신을 향한 열정으로 가득 채우소서.

오직 당신만이 우리의 영혼을 채우실 수 있습니다.

당신께서 하신 약속을 기억합니다. 우리에게로 오소서.

이곳에서 당신의 형상과 당신의 아름다움을 닮은

불이 타오르게 하소서.

- 존 헨리 뉴먼

(18번 기도는 비어있음)

19
겸손히 견딜 수 있도록 힘을 주소서

• 주님께서 평화를 내려주시기를 간구합시다.

주님, 우리가 계속 인내할 수 있도록 힘을 주소서.
정직하고 겸손히 견딜 수 있는 힘을 주소서.
우리의 마음을 다스리셔서
우리가 언제나 당신만을 좇게 하소서.
당신이 아닌 그 무엇에도 만족하지 않게 하소서.
지치거나 마음이 내키지 않을 때나
아무런 감정이 일지 않을 때도 당신을 찾게 하소서.
당신을 위해 창조하신 것들이 지닌 아름다움으로 인해
완전한 아름다움인 당신을 보지 못하는 일이 없게 하소서.
어려운 길을 걸을 때 이를 헤쳐나갈 용기를 주소서.
쉬운 길을 걸을 때 흔들리지 않도록
마음을 다잡아 주소서.
당신께 모든 삶을 바칠 힘을 주소서.
우리가 가진 모든 것을 당신께 바칠 때
당신께서는 당신 자신을 우리에게 주십니다.
기력이 쇠해져 더는 당신을 찾지 못할 때,
무한한 자비로 불쌍한 우리를 찾아주소서.
당신의 빛으로 눈을 뜨게 해주소서.

20
아낌없이 모든 것을 당신께

- 우리의 삶에 주님께서 언제까지나 함께 하시기를 간구합시다.
  주님께서 우리를 사용하실 수 있도록 우리의 삶과 마음을 드리고
  주님의 도움을 간구합시다.

순전한 사랑이시여,

당신이 우리 안에 들어와

우리를 창조주 아버지께 데려가시기를 간절히 원합니다.

당신은 만물을 정화하는 불이시며 한없는 위로이십니다.

당신은 우리가 기도하게 하시고 천국의 문을 여시며

우리를 고소한 이들의 입에 재갈을 물리십니다.

당신의 모습이 밝히 드러남으로써

우리의 수많은 죄는 자취를 감춥니다.

우리는 당신을 찬미함으로써,

당신을 증언함으로써 세상을 이깁니다.

당신으로 인해 우리는

기쁨으로 야곱의 계단을 오릅니다.

달콤하기 그지없는

당신의 온기가 우리 안에 퍼져나가니

기꺼이, 아낌없이 모든 것을 당신께 바칩니다.

- 리처드 롤

주님을 기다리며

주여 오소서. 평화로 오소서.

구원과 함께 우리에게 찾아오셔서

우리가 온전한 마음으로 당신 앞에서 기뻐하게 하소서.

- 중세 수도사들이 매일 드리던 기도 中

21
당신을 온전히 섬기는 것은

• 주님께 질서 있고 균형 잡힌 삶의 은총을 달라고 간구합시다.

주여, 당신은

당신을 아는 이에게 빛이시며

당신을 사랑하는 이에게 생명 되시고

당신을 섬기는 이에게 힘이 되십니다.

우리가 당신을 알아 진심으로 당신을 사랑하게 하소서.

우리가 당신을 사랑하는 것은

당신을 온전히 섬기는 것이며

당신을 온전히 섬기는 것은 참된 자유를 누리는 것입니다.

그러니 온 마음과 정성을 다해 당신을 섬기게 하소서.

복되신 주님, 당신을 찬미합니다.

수고하고 무거운 짐을 짊어진 모든 이를 부르시는 주님,

우리와 함께하소서. 당신의 능력으로 힘을 주소서.
한없고 영원한 당신 곁으로 우리를 데려가셔서
우리의 마음과 생각을 잠잠하게 하소서.
당신의 마음을 열어 보이셔서
당신의 광휘 안에서 빛을 보게 하소서.
우리를 종으로 삼으신 당신의 뜻을 드높이셔서
섬기는 우리가 당신 힘과 기쁨을 드러내는
샘이 되게 하소서.

22
균형 잡힌 삶을 주소서

• 주님께 순전한 사랑의 은총을 간구합시다.
  주님의 뜻이 우리 안에서, 우리를 통해 이루어지길 간구합시다.

주님,
우리에게 순전하고 흠 없는 양심을 주소서.
균형 잡힌 삶을 주소서
자신을 낮추는 겸손과 청빈한 마음을 주소서.
마음에서 걷잡을 수 없이 번지는 욕망을
어르고 달랠 수 있는 지혜와 절제를 허락하소서.
사랑과 자비로 가난한 이들을 섬기게 하시고
헛된 상상을 멀리하며 우리의 내면을 살피게 하소서.

우리 눈을 뜨게 하셔서 마음에 깃든
영원한 진리를 보게 하시며
우리 내면이 순전한 고요와
평화 안에 머무르게 하소서.
꺼지지 않는 불같은 사랑을 주소서.
모두를 삼키는 불같은 열정을 주소서.
당신의 인자함에 닿을 때까지 지치지 않고
우리의 불길이 피어나게 하소서.
영원하신 당신 안에서,
당신과 함께 있기를
우리의 영혼이 연모합니다.
나를 고집하게 만드는 모든 것을 멀리하고
당신의 뜻, 그 자유를 사모합니다.
우리의 모든 호흡이 성령과의 교제를 통해
하나 되기를 소망합니다.
주님, 감사하며 영광을 돌립니다.
영원의 바다 안에서 당신을 끊임없이
기억하고 사랑하며 섬깁니다.

- 얀 반 뤼스브룩

23

당신을 찬미합니다

- 주님께 우리를 산 제물로 바치고 주님께서 그분의 뜻에 따라
  우리를 새롭게 해달라고 간구합시다.
  우리가 산 제물로 주님께 바쳐져
  더욱 깊고 넓은 사랑을 깨달을 수 있도록 기도합시다.

나의 주님, 당신께서 말씀하시니

만물이 당신 앞에서 잠잠합니다.

우리는 오직 당신 안에서

그토록 갈망하던 지식과 사랑을 찾을 수 있습니다.

빛 가운데 걷게 하시니 당신을 찬미합니다.

설사 어둠 속에 두실지라도 당신을 찬미합니다.

빛과 어둠 속에서, 삶과 죽음 가운데

우리는 당신을 찬미합니다.

당신의 이름을 찬미하오니

헛된 것을 좇고 사랑할 때에

우리의 마음이 안식과 평안을 누리지 못하게 하소서.

오직 당신 뜰에 거하길 원합니다.

주님, 당신 뜻대로 우리의 발걸음을 이끄소서.

당신 뜻대로 우리에게 주셨으니

또한 당신 뜻대로 가져가소서.

다만 우리가 당신을 향해, 당신과 함께 걸어가게 하소서.

고요와 침묵 가운데 영혼을 새롭게 하여
당신을 섬길 힘을 얻게 하소서.

24

당신을 향하게 하소서

- 예수께서 말씀하셨습니다. "나는 하늘에서 내려온 살아 있는 빵이다. 이 빵을 먹는 사람은 누구든지 영원히 살 것이다." (요한 6:51)

전능하신 주님, 당신을 향하게 하소서.

우리의 정신을 새롭게 하시고 우리의 눈을 뜨게 하소서.

우리의 의지가 당신의 뜻을 따르게 하시고

우리의 몸과 마음을 단련시켜 주소서.

오직 당신만을 의지하며 경외하고 사랑하게 하소서.

온 마음과 정성을 다하여 당신만 섬기게 하소서.

우리 자신, 우리가 하는 일들, 우리가 바라는 것들이

당신의 복된 뜻과 기쁨에 합하기를 바랍니다.

마지막으로 당신의 넘치도록 풍성하고 힘 있는 은총을

내려주시기를 기도합니다.

당신의 은총으로 우리는 온전하고 거룩한 삶의 길을

한 발자국씩 내디딜 것입니다.

당신의 은총으로 우리는 온전히 그리고 끝까지

당신을 섬길 것입니다.

모자람이 없으신 주님, 당신은 우리에게 생명을 주셔서

우리 삶이 당신만을 위하도록 하셨습니다.

- 넬슨 헨리 베이커

우리가 드릴 수 있는 유일한 선물

• 주님, 당신을 애타게 기다리는 우리의 눈을 살피소서.

주님, 우리가 당신의 제대에
우리가 드릴 수 있는 유일한 선물인
우리 자신과 우리의 사랑을 내려놓을 때
우리 기도를 기억하소서.
한없는 당신의 사랑이 우리를 적시고
당신을 향한 우리의 사랑으로 흐를 때,
당신께서 우리를 사랑하시듯이,
당신께서 우리를 위해 당신 자신을 바치셨듯이,
이웃을 사랑할 수 있는 은총을 주소서.
그렇게 우리 자신이 당신께 드리는
제물이자 예배가 되게 하소서.

- 토머스 켄

25
주님의 만찬을 즐기기 원합니다

• 그리스도의 영광을 다 함께 찬미합시다.

주님, 이제 당신께 나아갑니다.
당신께서 주신 선물로 풍요롭게 되고

당신께서 예비하신
성대한 만찬을 즐기기를 원합니다.
당신은 우리의 건강이자 구원이시며,
우리의 힘과 명예와 기쁨이십니다.
우리 영혼이 당신의 몸을 받기를 간구합니다.
우리 마음이 당신과 하나 되기를 원합니다.
선하신 주님, 당신을 주소서.
그것으로 만족하겠습니다.
당신 없이는 그 어떤 위로와 안락도
우리를 만족시킬 수 없습니다.
당신 없이 우리는 존재할 수 없고
당신과의 교제 없이 우리는 살아갈 수 없습니다.
주님, 이루 다 말할 수 없는
당신의 자비로부터 나오는 친절을 베푸소서.
생명의 창조자, 삶을 주관하시는 거룩하신 당신께서
우리와 같이 비천한 영혼을 찾아오셨습니다.
가난하고 야윈 우리 영혼을
당신의 은총으로 먹이시고
사랑스러운 성령의 거룩한 기름을
우리에게 부으셨습니다.
의롭고 달콤하며 사랑스러우신 주님,
하늘과 땅과 그 안을 채우는 수많은 아름다움도

당신의 얼굴 앞에서는 잠잠합니다.
그들이 가진 것 모두 주님의 자비와
너그러움에서 나왔습니다.
그 누가 당신의 거룩한 이름과 지혜,
아름다움과 영광에 비할 수 있겠습니까?
당신의 거룩한 이름과 지혜는
셀 수도 없고 끝이 없습니다.

- 토마스 아 켐피스

26
기도의 자리로 나아와 드리는 기도

• 의롭고 정결한 사람에게 주시는 은총을 간구합시다.

전지전능하신 아버지,
영원히 찬미 받으실 성자께서는
홀로 조용한 곳으로 가셔서
당신과 친교를 맺으셨습니다.
당신의 자녀 된 우리도 성자 그리스도를 따라
이 조용한 곳으로 나왔습니다.
고요와 침묵 가운데 영혼을 새롭게 하여
당신을 섬길 힘을 얻게 하소서.

27

팔복을 되새기며

주여, 우리를 삼키려는 죄와 짐으로부터 구하소서.

당신의 뜻에 어긋난 행동과 언어와 생각을 지워주소서.

온유한 사람이 되기 원합니다.

그리하면 땅을 물려받을 것입니다.

평화를 위하여 일하는 사람이 되기 원합니다.

그리하면 우리가 주님의 자녀라 불릴 것입니다.

자비를 베푸는 사람이 되기를 원합니다.

그리하면 우리가 자비를 입을 것입니다.

마음이 가난한 사람이 되기를 원합니다.

그리하면 우리가 주님의 나라를 물려받을 것입니다.

마음이 깨끗한 사람이 되기를 원합니다.

그리하면 우리가 주님을 뵐 것입니다.

옳은 일에 주리고 목마른 사람이 되기를 원합니다.

그리하면 우리의 갈급은 채워질 것입니다.

슬퍼하는 사람이 되기를 원합니다.

그리하면 우리는 당신께 위로받을 것입니다.

옳은 일을 하다가 박해를 받는 사람이 되기를 원합니다.

그리하면 당신의 나라에서 상급을 받게 될 것입니다.

- 랜슬럿 앤드류스

28
마지막 날까지 당신의 은총 안에 머물기를

주님, 우리를 잊지 마시고 은총을 베푸소서.
바르게, 경건한 마음을 다해 당신을 섬길 수 있는
은총을 주소서.
주신 은총을 헛되이 쓰지 않을 은총을 허락하소서.
실족하여 넘어질까 두렵습니다.
주신 은총을 잃어버리지 않을 은총을
우리하게 허락하소서.
그리하여 우리 안에 있는 작은 불씨가
꺼지지 않게 하소서.
마지막 날까지 당신의 은총 안에 머물며
당신께로 자라나길 바랍니다.
우리가 부족한 것들을 주님의 곱디고운 선물들로
온전하게 하소서.
믿음이 작은 우리에게 믿음을 주소서.
두려워 떨고 있는 우리의 소망 위에
당신의 따뜻한 소망을 입히소서.
차갑게 식은 사랑의 불길을 다시 일게 하소서.
우리 마음에 당신의 사랑을 활짝 펼치소서.
당신을 사랑하기 원합니다.

당신 안에서, 당신을 통해 벗들을 사랑하기 원합니다.

당신을 위해 원수를 사랑하기 원합니다.

주님, 당신께서는 가난하고 낮은 이에게

은총을 베푸십니다.

우리에게도 당신의 놀라운 은총을 주십니다.

당신을 경외하는 사람을 홀로 두지 않으시는 주님,

우리 마음을 당신의 이름 아래 하나로 묶으소서.

당신을 두려워하는 마음이

당신을 향한 신뢰로 거듭나게 하소서.

- 랜슬럿 앤드류스

29

삼위일체 주님께 드리는 찬미

• 우리의 주님, 당신의 백성을 구하시고 그들의 유업에 복을 주소서.
  당신의 교회에 평화를 주소서.

성부여, 당신의 능력으로 우리를 이끌고 지켜주소서.

성자여, 당신의 지혜로 우리의 닫힌 눈을 열어주소서.

성령이여, 우리와 교제를 나누시어

당신께로 향하는 우리의 발걸음에 힘을 더해 주소서.

우리 영혼을 지켜주시고,

우리 몸에 기운을 불어 넣어주소서.

우리 감각을 예리하게 하시고 태도를 바르게 하소서.
우리 성품이 당신의 뜻에 맞도록 조율해주소서.
우리 행동을 축복해주시고 우리 기도를 완성해주소서.
거룩한 생각을 우리에게 불어넣으소서.
지나간 죄를 용서하시고 지금 우리의 죄를 고치시며
미래의 죄로부터 우리를 지켜주소서.
우리를 도우시는 성령의 능력으로
우리의 간구와 생각보다 넉넉히 주시는
당신을 찬미합니다.
영광이 그리스도에게 속한 모든 교회 안에서
세세토록 당신의 것입니다. 아멘.

- 랜슬럿 앤드류스

30
교회를 기억하는 기도

• 일상에서 우리와 함께하시는 그리스도를
  새롭게 깨달을 수 있게 해달라고 간구합시다.

주님, 그 누구도
지식으로는 당신께 닿을 수 없습니다.
그 어떤 기준으로도
당신의 영광을 잴 수 없습니다.

당신의 자비에는 한이 없습니다.

누가 당신의 사랑을 온전히 말할 수 있겠습니까?

주님, 자애로운 시선으로

우리와 당신의 거룩한 집을 바라보소서.

당신의 풍성한 은총과 자비를 베푸시고,

이곳에서 주님을 찾는 모든 이에게

당신의 은총과 자비를 내려주시길 기도합니다.

아름다운 성소를 사모하는 이들을 거룩하게 하소서.

우리의 주인이시여,

당신의 능력으로 그들에게 화답하시고

당신을 기다리는 모든 이를

당신의 손에서 놓지 마소서.

전능하신 당신을 하늘에서 섬기는

천사들과 대천사의 무리를 만드신 주님,

당신의 거룩한 사자들이 우리와 함께

이곳에 들어가게 하소서.

우리가 그들과 함께

같은 곳에서 당신을 섬기고

당신의 선함을 드높이게 하소서.

모든 영광과 존귀와 경배가 언제나

그리고 영원토록 성부와 성자와 성령의 것입니다.

31

우리와 함께 계시는 당신을 느끼고 알게 하소서

• 언젠가 우리와 함께하시는 주님을 더 깊이 알게 되기를 간구합시다.
  이 기도를 통해 주님께서 우리와 함께하시는 것을 더 깊이 깨닫게 되기
  를, 그리하여 그분을 더 잘 알게 되기를 간구합시다.

주님, 우리의 눈을 열어주셔서
당신의 겸손함을 익히게 하소서.
일상의 붓이 써 내려가는 거룩하고 아름다운 문장을 통해
당신을 볼 수 있게 하소서.
당신께서는 진실로
우리 일상에 머물러 계시기 때문입니다.
평범한 일들 가운데, 쏜살같이 지나가는 순간 가운데
당신께서는 말씀을 건네십니다.
하지만 우리는 당신께 귀를 기울이지 않습니다.
당신의 가르침을 곧잘 잊어버립니다.
눈으로 볼 수 없지만 당신께서 우리와 함께하심을
늘 일깨워주소서.
당신을 향한 사랑과 경외가 자라나
우리와 함께 계신 당신을 느끼고 알게 하소서.
당신께서는 우리 안에, 그리고 이웃 안에
머물러 계십니다.

당신께서는 삶의 크고 작은 모든 일에 머물러 계시며
우리가 땀 흘려 일할 때 늘 우리를 지켜보고 계십니다.
우리가 고통을 겪을 때도 우리 곁에 계십니다.
모든 희생 가운데에서도 당신께서는 우리 곁에 계십니다.

- 무명의 그리스도인

32
주님, 우리와 함께 일하소서

• 더욱 인내할 수 있기를 간구합시다.

주님, 우리를 이끌어주소서.
우리를 가르쳐 주소서.
당신께서는 우리를 외면하는 주인이 아니십니다.
당신께서는 당신께 속한 영혼을 통해
간절히 우리를 찾으십니다.
우리는 모두 당신의 소유로 부름을 받았습니다.
주님, 우리와 함께 일하소서.
당신께서 우리와 함께 일하심을 감지할 때
우리의 가난마저 달콤하며 부족함이 없습니다.
우리는 어느 것도 소유하지 않았기에
당신께서는 우리를 오롯이 소유하실 수 있습니다.

- 무명의 그리스도인

당신을 찾는 법을 가르쳐주소서

주님, 당신을 찾는 법을 가르쳐주소서.
우리가 당신을 찾을 때 우리를 찾아와 당신을 보여주소서.
당신께서 가르쳐주시지 않으면
우리는 당신을 찾을 수 없을 뿐 아니라
찾기를 시작할 수조차 없습니다.
당신을 간절히 구하고 당신을 기다리는 법을
가르쳐주소서.
당신을 기다리는 가운데 당신을 찾아 나서는 법을
가르쳐주소서.
당신을 찾아 나서는 가운데 당신을 사랑하는 법을
가르쳐주소서.
당신을 사랑하는 가운데 당신을 보게 하소서.

- 캔터베리의 안셀무스

33
견딜 수 있도록 도와주소서

주님, 불가능해 보이는 일도
당신의 은총으로 가능케 해주소서.
우리가 얼마나 고통에 취약하고 쉽게 넘어지는지

당신은 알고 계십니다.
부디 우리에게 밀려오는 모든 시험과 어려움을
견딜 수 있도록 도와주소서.
당신의 이름을 위해 우리가 기쁨으로
시험을 받도록 도와주소서.
우리가 주님을 위해 고통받고 어려움을 당하는 것이
우리에게 많은 유익이 됨을 알고 있기 때문입니다.

- 토마스 아 켐피스

우리의 유일한 상급

선하신 주님,
우리에게 올바로 당신을 섬기는 길을 가르쳐주소서.
셈과 저울질 없이 모든 것을
당신께 드리는 길을 가르쳐주소서.
상처에 연연하지 않고 선한 싸움을 싸우도록
우리를 인도하소서.
휴식을 구하기보다 기쁨으로 땀을 흘리고
상급을 바라기보다 당신을 위해 일하게 하소서.
우리의 유일한 상급은 바로 당신의 뜻을 행하는 것임을
잊지 않게 하소서.

- 이냐시오 데 로욜라

34

고통을 마주하며

- 주님께서 우리의 생각을 일깨우셔서 올바른 판단을 내리고 분별을 할 수 있게 해달라고 간구합시다.

주님, 부디 은총을 베푸셔서
우리를 죄에서 지켜주소서.
하지만 자기밖에 모르던
이기적인 사랑이 죽고
고통이 찾아온다면,
교만을 십자가에 못 박는
거룩한 굴욕의 순간을 마주한다면,
마음을 활짝 열고 고통과 굴욕을
기꺼이 받아들이게 하소서.
이러한 고통이
당신의 엄혹한 심판이 아니라
당신의 아름다운 자비가 건네는
친절한 손길임을 알게 하소서.
주님, 우리를 불쌍히 여기소서.
부디 은총을 베푸셔서 우리를 도우소서.

- 장 피에르 드 코사드

우리의 주인이 되소서

주님, 사랑하는 당신의 계명을 향해 손을 듭니다.
우리의 눈을 여소서.
그리하여 오직 당신께 우리의 마음을 모으게 하소서.
우리의 마음을 움직이소서.
그리하여 오직 당신만을 간절히 원하게 하소서.
우리의 걸음을 인도하소서.
그리하여 당신의 계명을 따라 걷게 하소서.
거룩하신 주님, 우리의 주인이 되소서.
당신 외에는, 그 누구도,
그 어떤 것도 따르지 않게 하소서.

- 랜슬럿 앤드류스

35
마땅히 알아야 할 것을 알게 하소서

• 주님께 당신을 섬기며 우리를 남김없이 드리겠다고 기도합시다.

주님, 당신의 은총을 허락하셔서
마땅히 알아야 할 것을 알게 하시고,
진실로 사랑해야 할 것을 사랑하게 하시며
당신께서 기뻐하시는 찬양을 노래하게 하시고

당신께서 귀하게 여기시는 것을 구하게 하소서.

당신께서 싫어하시는 것을 멀리하게 하시고

우리의 헛된 기준으로 판단하지 않도록 우리를 도우소서.

당신께서 주시는 은총으로

올바르게 분별하고 판단하며

언제나 당신의 뜻과 기쁨을 찾게 하소서.

- 토마스 아 켐피스

• • •

선하신 성령이여, 우리 마음에 들어오소서.

소리 없이 말씀하시는 당신의 말씀을 듣게 하시며

고요함 가운데 모든 진리를 가르쳐주소서.

당신의 신비는 헤아릴 수 없이 깊고도 아름답습니다.

우리 마음을 괴롭히는 모든 더러운 것과

악하고 덧없는 생각에서 우리를 자유롭게 하소서.

당신의 거룩하고 강한 천사들이

우리를 보호하게 하소서.

당신께 대적하는 이들은 왔다가

수치를 당하고 돌아가게 하소서.

- 로마 미사 경본*

---

* 로마 전례에서 사용하는 미사 경본이다.

36
모든 순간을 당신의 것으로 삼으소서

• 주님께서 이곳으로 오셔서 우리와 함께 해달라고 기도합시다. 그분께서
  우리에게 무엇을 바라시는지를 가르쳐 달라고 간구합시다.

주님, 우리는 당신의 것입니다.

오직 당신만 우리를 소유하시기를 갈망합니다.

어려움에 처할 때, 평안할 때,

영혼이 메마를 때, 기쁨의 강이 흐를 때,

건강할 때, 아플 때,

삶과 죽음의 모든 순간을

당신의 것으로 삼으소서.

오직 이것만을 간구합니다.

당신의 뜻이 우리 안에서,

우리를 통해 이루어지게 하소서.

오직 이 소망을 붙잡고 기다립니다.

당신의 영광을 드높이고 삶에 심으신

당신의 뜻을 알기 원합니다.

당신과 교제하면서 우리의 전부를 내어드립니다.

그리고 당신께 간청합니다.

주님, 우리를 당신께서 사랑하시는 이들을 위해 쓰시는

가장 하찮은 도구로 삼아주소서.

우리를 역동적인 삶과 고요한 삶의 자리로 부르소서.
우리가 사랑해 마지않는 기도를 언제나 행하게 하소서.
"당신의 뜻을 이루소서."
자신에게 엄격하고 남에게는 다정하며 친절하게 하소서.
우리를 통하여 다른 이들이 당신을 사랑하게 하소서.
우리가 겪는 어려움과 오랜 기도와
포기해야만 하는 일들이
당신께서 우리를 들어 쓰실 때
걸림돌이 되지 않게 하소서.

- 에르제베트 르쇠르

37
우리 자신을 온전히 내려놓도록 도우소서

주 예수여, 당신께서는 영원한 영광을 내려놓고
우리를 향한 사랑으로 어린아이가 되셨습니다.
이제 우리도 우리 자신을 온전히 내려놓도록 도우소서.
당신께서 우리를 끝없는 사랑으로 사랑하셨듯
우리도 진심으로 당신을 사랑하겠습니다.
충성을 다해 주님을 섬기며
당신의 측량할 수 없는 사랑과 자비를 드높이겠습니다.

당신께로 가는 길을 알려주소서

• 우리와 함께하시는 주님을 좇아 행동하는 신앙의 삶을 살아갑시다.
  주님께 순전하고 소박한 사랑을 달라고 간구합시다.

주님, 당신께로 가는 길을 알려주소서.
당신께 닿고 싶은 마음 간절합니다.
우리는 아무것도 알지 못하지만
언제나 좀먹고 사라지는 것에서 벗어나
영원히 변치 않는 것을 찾으려 합니다.
아버지, 이 갈망에 사로잡혀 있기에
우리는 영원을 찾아 계속 헤맵니다.
하지만 우리는 당신을 만나는 길을 알지 못합니다.
그러니 당신을 만날 수 있는 길을 밝히 보이시고
그 길을 걸을 수 있도록 힘을 주소서.

- 히포의 아우구스티누스

38
당신의 형상은 사랑뿐입니다

주님, 당신께서는 이 세상 그 무엇보다도
우리를 사랑하십니다.
당신의 눈길은 언제나 우리를 떠나지 않으십니다.

우리는 그 눈길을 바라보며 당신의 사랑을 감지합니다.
그렇게 우리는 당신께서 우리를 사랑하심을 깨닫습니다.
당신께서는 우리와 같이 비천한 종들을
언제나 마음에 품고 계십니다.
우리에게 보이시는 당신의 형상은 사랑뿐입니다.
당신의 사랑이 우리와 함께하기에
당신께서는 우리를 사랑하시는 분이라고
말할 수 있습니다.
당신께서는 언제나 우리와 함께하십니다.
단 일 초도 우리를 홀로 두지 않으시고
모든 순간을 함께하십니다.
그렇게 당신께서는 우리와 함께하시는 시간이
소중하다고 말씀하십니다.

- 니콜라스 쿠자누스

최고의 선물

아버지, 부족한 우리가 당신께 나아갑니다.
당신의 손을 우리에게 얹으시고 축복하소서.
아버지, 우리의 정신을 갈음하여
당신의 놀라운 은총으로 채워 주소서.
아버지, 우리의 뜻을 치우시고

당신의 뜻을 행하려는 마음만 남게 하소서.
우리에게 깨끗한 마음을,
그 아름답고 사랑스러운 선물을 주소서.
이것이야말로 당신께서 우리에게 주시는
최고의 선물입니다.

- 장 니콜라스 그루

39
기도의 등불에 기름을 채우며

주님, 하늘의 별들이 교교히 빛날 때
만물은 잠에 빠집니다.
왕들은 침실의 문을 닫았고
연인들은 단둘이 누워있습니다.
그리고 저는 이곳에서 주님과 함께 있습니다.

- 라비아 알-바스리

당신의 품으로 우리를 인도하소서

주님, 우리는 당신을 벗어날 수 없습니다.
우리 영혼은 당신의 품을 떠날 수 없습니다.
불안과 두려움으로 가득 찬 꿈을 꾸는 우리를

당신의 은총으로 깨우소서.
믿음과 사랑으로 당신께 다가가 기도합니다.
주 우리 아버지, 당신께서는 우리를 창조하시고
사랑을 베푸셨습니다.
이제 당신의 품으로 우리를 인도하소서.
당신 품 안에서 온전히 쉬게 하소서.

- 오토칼 프로하주커

우리의 허물을 덮으소서

주님, 사랑의 영을 우리에게 부으소서.
하늘에서 내려온 빵을 먹은 이를
한결같은 주님의 사랑으로 지키소서.
주님, 우리는 당신의 침묵으로 들어가
당신께 우리가 지은 죄와 실패와
배반과 실수를 고백합니다.
그리고 용서와 힘과 은총을 구합니다.
당신 뜻대로 우리의 삶을 다시 빚으소서.
우리는 이기적이고 쌀쌀맞고 불친절했습니다.
우리는 사랑하지 않았습니다.
사랑 없는 생각과 말로 죄를 지었습니다.
우리는 게을렀고, 참지 못했고 짜증을 부렸으며,

완고하고 자신만 중요하게 생각했습니다.

항상 제멋대로였고, 작은 상처도 견디지 못했습니다.

우리는 이웃에게 우리가 할 수 있는

최선을 다하지 못했습니다.

우리는 종종 주님을 잊어버리곤 했습니다.

주님, 당신의 용서와 자비를 간구합니다.

우리는 우리가 얼마나 약한지 알고 있습니다.

당신의 은총으로 우리를 도우시고

능력을 주시어 우리의 허물을 덮어주소서.

- 레오 기도문*

40

우리의 죄를 고백하며

주님, 연민과 은총이 한없고,

오래 참으시며 자비가 크신 주님,

당신께 죄를 지었습니다.

크고 막중한 죄를 되풀이했습니다.

이제 당신께 남김없이 고백합니다.

변명 또한 하지 않겠습니다.

---

* 교종 레오 13세(1884)가 도입한 미사 후 기도다. 1964년 폐기되었다.

우리는 죄를 범했으나
당신께서는 마땅히 받아야 할 벌을
내리지 않으셨습니다.
우리가 더 무엇을 말할 수 있겠습니까?
우리가 저지른 일에 대하여
뭐라고 답할 수 있겠습니까?
변명의 여지가 없습니다.
다만 우리는 우리를 정죄할 따름입니다.
당신께서는 우리를 진실하게 대하셨지만,
우리는 이에 거짓과 악으로 답하였습니다.
이제 무엇이 우리의 소망입니까?
주님, 당신만이 우리의 소망이십니다.
모두를 사랑하시는 성부여,
우리가 기댈 곳은 오직 당신뿐입니다.
당신의 놀라운 자비를 우리에게 보이소서.
그리고 말씀하소서.
"네 죄가 용서함을 받았다."
또한 말씀하소서.
"네 은총이 네게 족하다."

- 랜슬럿 앤드류스

41

당신의 찬연한 빛

• 주님의 평화가 이 시간을 감싸기를 간구합시다.

주님, 하늘은 빛나는 별들로 환하며
땅은 따스한 빛에 휩싸여 평화롭습니다.
당신께서 이 세상을 향해 빛을 비추고 계시기 때문입니다.
간구하오니 우리 마음에 자리한 모든 어둠을 몰아내소서.
찬란하게 빛나는 당신의 은총으로 우리 마음을 밝히소서.
당신의 찬연한 빛으로 우리 눈을 뜨게 하소서.
우리의 시선이 영원히 당신을 향하길 원합니다.

- 모자라비 전례 기도[*]

• • •

• 우리와 함께하시는 주님께 실패와 잘못을 내려놓으십시오.
그리고 그분께 우리의 허물을 고쳐달라고 기도합시다.

주님,

당신께서는 믿는 이의 참된 빛이시며

---

[*] 서고트족 전례 양식이다. 이시도로 전례라고도 불린다. 8세기 이
후 이슬람 무어족이 통치하던 스페인과 포르투갈 지방의 그리스도
교인들이 공통된 미사와 전례 양식을 사용하기 위해 만들었고, 11
세기부터 이베리아반도 전역에서 사용되었다.

의인의 영원한 영광이십니다.

당신 빛은 저물지 않고 그 광채는 무한합니다.

우리 마음에 밝고 고요한 진리의 빛을 비추소서.

우리가 당신의 영원에 들어가게 하소서.

밤이 지나고 나면, 당신께서는 우리에게 빛을 보이십니다.

그렇게 당신께서는 영원하고 복된 오늘에

우리를 초대하십니다.

- 암브로시우스 전례 기도

42
주님은 길이시니

한없는 자비의 창조자이자 주인이시여,

선하고 정의로운 당신께서는

자신을 낮추는 이들에게 귀를 기울이십니다.

주여 우리를 불쌍히 여기소서.

우리를 삼킬 듯이 둘러싼 폭풍들을 흩으소서.

우리에게 당신의 고요한 평화를 허락하소서.

우리의 잘못으로 잃어버린 것들을

당신의 넉넉한 자비로 다시 찾게 하소서.

우리의 영혼을 당신의 힘 안에서 강건하게 만드소서.

마음의 병을 고치시고

잘못된 길에서 우리를 끌어내소서.

당신은 길이시니 당신을 통해

생명이신 당신께 나아가기 원합니다.

- 모자라비, 고딕 전례 기도

주님의 질서를 따라

• 주님께 우리의 삶을 내어드리고 축복을 내려주시기를 간구합시다.
  주님께 겸손의 은총을 간구합시다.

주님, 우리의 삶을

당신의 질서에 따라 고르게 하소서.

당신께서 원하시는 일을 알려주소서.

그 일을 어떻게 해야 하는지 가르쳐주소서.

- 토마스 아퀴나스

43
빛이 깃들게 하소서

주님, 아무도 당신을 볼 수 없지만,

당신께서는 모든 것을 감싸시나이다.

그렇기에 우리가 마주치게 되는 삶의 도움은

당신의 능력을 비춥니다.

당신 자비에서 나오는 빛이
이 기도의 장소에 깃들게 하소서.
이곳에서 주님의 이름을 부르는 우리가
당신의 보호와 능력을 알게 하소서.

- 그레고리우스 전례, 암브로시우스 전례 기도

모든 일에 당신을 따라

• 이제 우리의 삶을 주님의 손에 맡기고
  우리가 가야 할 길을 보여달라고 간구합시다.

그리스도시여, 당신께서는
영원한 평화의 아름다움과
끊을 수 없는 사랑의 의무를 보여주셨습니다.
이제 우리도 당신을 따라
자신을 겸손히 낮추게 하소서.
언제나 모두에게
인자하고 긍휼한 마음을 품게 하소서.
모든 일에 당신의 겸손을 따르고
당신을 본받아
영원히 당신 안에서 살기 원합니다.

- 모자라비 전례 기도

44

길 위에서 드리는 기도

주님, 우리가 당신께 가는 길이 안전하고,
올바르고, 아름답기를 기도합니다.
그 길의 끝에서 여정의 완성이신 당신을 뵙기 원합니다.
기쁨과 슬픔이 우리의 걸음을 막지 않게 하소서.
기쁠 때는 감사의 노래를 부르며 걸어가고
슬플 때는 천천히 인내하며 걷게 하소서.
기쁨에 취하지 않게 하시고
슬픔에 절망하지 않게 하소서.

- 토마스 아퀴나스

· · ·

세상의 모든 이를 깨우치시는 주님,
우리 마음과 생각이 당신의 아름다운 은총을
느끼고 깨닫게 하소서.
우리 모든 생각이 왕이신 당신께서
기뻐하시는 생각이 되게 하소서.
우리가 주님을 전심으로 사랑하고
충성을 다해 섬기게 하소서.

- 로마 미사 경본

45

당신의 헤아릴 수 없는 아량

• 주님께서 우리에게 더욱더 깊은 기도의 세계를
  알려주시기를 간구합시다.

주님, 당신의 헤아릴 수 없는 아량에

우리가 무슨 말을 할 수 있겠습니까?

우리가 당신을 떠나도

당신께서는 우리를 잊지 않으십니다.

우리가 당신께 돌아올 때 당신께서는 우리를 반기십니다.

우리가 망설여도 당신께서는 우리를 붙잡으십니다.

우리가 무관심할 때도

당신께서는 우리를 흔들어 깨우십니다.

당신께서는 우리에게 싸울 힘과 용기를 주시며

우리가 이겼을 때 왕관을 씌워주십니다.

우리가 회개하면 환영하시고

우리 죄를 기억하지 않으십니다.

이 모든 것을 어떻게 다 찬미할 수 있겠습니까?

다만 주님의 풍성한 선하심에 감사드리며

우리 안에 있는 당신의 은총이 더욱 커지고

언제까지나 우리와 함께하기를 간절히 바랄 뿐입니다.

- 토마스 아퀴나스

46

기도가 자라나게 하소서

• 오늘 성령께서 우리와 함께하기를 간구합시다.

주님, 우리에게 모든 말을 아우르는
침묵의 언어를 가르쳐주소서.
우리와 함께하셔서
우리 영혼이 잠잠하도록 인도하소서.
우리 자신의 가장 깊은 곳으로부터
당신을 사모하게 하소서.
당신께서 하시는 모든 일을 기다립니다.
오직 당신의 뜻을 이루소서.
당신께서 일하실 때 우리는 잠잠하도록 가르치소서.
우리 영혼 안에 깊고 순수한 기도가 자라나게 하소서.
아무 말을 하지 않아도 모든 것을 경험하는 기도.
구체적인 언급이 없어도 모든 것을 껴안는 기도.
우리를 위해 기도하시는 주님,
우리의 기도가 당신의 영광을 섬기기 원합니다.
우리의 욕망과 의지가 우리를 향하지 않고
오직 당신을 향하게 하소서.

- 장 니콜라스 그루

우리 안에서 모든 불화를 씻어내시고
당신의 평안과 고요함으로 우리를 영원히 감싸주소서.

47

이곳에 당신의 이름으로 모여

주님, 당신 말씀에 의지하여 당신의 영을 기다립니다.
당신의 보좌로부터 성령을 보내시어
우리 마음을 거룩하게 하소서.
약한 자에게 힘을 주시며 괴로운 자에게 평화를 주소서.
어둠에 빛을 밝히시며 식은 마음을 불로 뜨겁게 달구소서.
이곳에 당신의 이름으로 모인 우리 모두가
당신께서 주시는 성령의 선물을 받게 하소서.

- 모자라비 전례 기도

선물에 기대어 드리는 감사

주님, 감사합니다.
우리의 영광이자 자랑이시며 의지이신 주님이시여,
당신께서 주신 선물에 기대어 감사를 드립니다.
주님, 당신께서 우리에게 주신 선물을 지켜주소서.
우리 안에 있는 당신의 선물이 자라나 온전하게 하소서.
언제나 당신과 함께 걸을 것입니다.
우리의 생명 자체가 당신께서 주신 선물이기 때문입니다.

- 히포의 아우구스티누스

48

우리에게 기도를 가르쳐 주소서

주님, 우리는 무엇을 간구해야 할지 모릅니다.
오직 당신만이 우리의 필요를 알고 계십니다.
우리가 아무리 자신을 사랑해도
우리를 향한 당신의 사랑과 견줄 수는 없습니다.
거룩하신 아버지, 당신의 자녀들이
몰라서 구하지 못하는 그것을 주소서.
우리는 당신께 무엇을 간구해야 하는지도 모른 채
다만 당신에게로 나아갑니다.
다정한 자비로 우리가 미처 깨닫지 못한
어려움을 헤아리소서.
생명의 양식을 주시며 눈물의 양식을 주소서.
우리를 부수시고 고치시며, 낮추시고 세워 일으키소서.
우리는 당신의 생각을 헤아릴 수 없지만,
당신의 모든 뜻을 사랑합니다.
우리의 모든 것을 아낌없이 당신께 드립니다.
당신의 뜻 이뤄달라는 기도 밖에는 모든 생각을 지웁니다.
우리에게 기도를 가르쳐주소서.
그리고 우리 안에서 우리를 위해 기도해주소서.

- 프랑수아 페늘롱

49

당신을 향해 나아가는 이들을 도우소서

거룩하신 주님, 우리에게 은총을 허락하사
온 마음과 정성을 다해 당신을 갈망하게 하소서.
당신을 갈망하여 당신을 만나게 하소서.
당신을 만나 당신을 사랑하게 하소서.
당신을 사랑하여 당신 안에서
영원히 기쁨을 누리게 하소서.

- 캔터베리의 안셀무스

당신의 자녀들을 기억하소서

성부여, 기도의 길에 첫걸음을 뗀 우리에게
당신의 빛을 비추소서.
당신의 어린아이들에게 깨달음을 허락하소서.
아이가 부모에게 뛰어가듯
당신을 향해 나아가는 이들을 도우소서.
당신께 등을 돌린 이들에게 회개하는 마음을 주소서.
걸음을 망설이는 이들에게 열정을 주소서.
그리고 그 길의 끝자락에서 복된 주님을 뵙게 하소서.

- 젤라시오 성무집전서*

50

우리를 불쌍히 여기소서

· 우리에게 희생의 정신을 달라고 기도합시다.

주님, 당신께 기도와 친교의 제물을 바칩니다.
우리 마음을 무겁게 하고, 우리 눈을 가리고
우리에게 상처를 입히거나
눈물을 가져다준 이들을 기억하소서.
또한 우리가 고의나 과실로
남을 괴롭히고, 눈을 가리고, 슬픔을 주고,
헐뜯었던 말과 행동을 기억하소서.
당신께서는 당신께 지은 죄와
이웃에게 행한 범죄를 용서하십니다.
주님, 마음에서 모든 의심과 불만과
분노와 갈등이 떠나게 하소서.
이웃을 향한 사랑에 금을 내고
이웃을 향한 우정을 망가뜨리는 모든 것을 치우소서.
당신께 간구하는 우리를 불쌍히 여기소서.

---

* 서방교회에서 두 번째로 오래된 전례다. 가톨릭 전승에 따르면
교황 젤라시오 1세Gelasius I가 집필한 전례서를 토대로 메로빙거 왕
조 시대에 작성되었으며, 성찬례를 집전하는 사제의 역할을 기록
하고 있다.

어려운 이들에게 은총을 주소서.
그리고 우리를 당신의 은총에 합당한 자녀로 키우셔서
마지막 날 영원한 삶에 들어가게 하소서.

- 토마스 아 켐피스

51
거룩한 행렬로 부르소서

주님, 당신께서는 우리를 성인들과
거룩한 순교자들의 행렬로 부르셨습니다.
우리에게 믿음을 주시고
완성하시는 아버지께서
살아 있는 제사이자 희생 제사이신
아들을 보내주셨습니다.
우리는 우리의 것이 아니라
당신의 소유입니다.
기쁨으로 우리의 생각을 십자가에 못 박고,
우리 자신을 성령의 부르심에 내어드립니다.
당신과 동행하지 않는다면
그 어떤 평화라도 좇지 않게 하소서.

- 제임스 마티노

세리의 기도를 기억하며

• 주님께 주님에 대한 새로운 깨달음을 달라고 기도합시다.

성전에서 고개를 들지 못한 세리를 옳다고 말씀하신 주님,
당신의 종들에게 겸손한 마음을 주소서.
시선이 거만하지 않으며 생각이 교만하지 않게 하소서.
우리를 모든 허영과 거만으로부터 지키시며
우리의 애정이 남의 의견과 자기사랑에
흔들리지 않게 하소서.
언제나 당신의 자비에 의지하면서
복된 주인이신 예수 그리스도의 길을 따라가게 하소서.

- 제레미 테일러

52
당신과 이웃을 사랑하게 하소서

주님, 온 마음과 정성, 생각과 영을 다하여
당신을 사랑하게 하소서.
당신을 위해서 이웃을 우리 몸 같이 사랑하게 하소서.
당신의 자애롭고 인자한 사랑의 은총이
우리 안에 깃들게 하소서.
모든 질투와 냉담과 악의는 우리 안에서 죽게 하소서.

우리 마음을 인내와 친절과 연민으로 채우소서.
언제나 우리가 다른 사람의
행복과 성공을 진심으로 기뻐하고
헐뜯는 마음과 질투하는 생각을 떠나보내며
홀로 참되고 완전한 사랑이신 당신만을 따르게 하소서.

우리 마음의 우둔함을 밝혀 주소서

크고 영화로운 빛이신 주님,
비오니 우리 마음의 우둔함을 밝혀 주소서.
올바른 신앙과 분명한 소망과 온전한 사랑을 알게 하소서.
주님과 함께 걷도록 허락하셔서
우리가 언제나 어떤 일에서든지
당신의 가장 거룩하고 완전한 뜻을 따라 살게 하소서.

- 아씨시 프란치스코

53
작은 일에도 정성을

주님, 우리가 크고 중요한 일에 정성을 다하듯
작은 일에도 정성을 다하게 하소서.
그리하여 우리 안에 살아계신

그리스도의 위엄을 기억하게 하소서.

우리가 크고 놀라운 일을 맡을 때

사소한 일을 행하듯 하게 하소서.

그리하여 주님의 비교할 수 없이

크고 놀라운 힘을 늘 기억하게 하소서.

- 블레즈 파스칼

• 주님께 오늘 이 시간 우리와 함께하시는 주님에 대한
  보다 깊은 이해를 달라고 간구합시다.

성부의 유일하신 아들이

인간의 육체를 입고 나타나셨습니다.

이제 우리의 속사람을

아들의 형상과 모습을 통해 새롭게 하소서.

그리스도께서 우리의 형상과 모습을 입으셨습니다.

전능하신 주님, 간구하오니

당신의 말씀에

새로운 빛을 밝히시는 성령이

우리의 신앙을 통해

그 빛을 계속 비추게 하소서.

또한 그 빛을

우리의 행위를 통해 드러내소서.

- 로마 미사 경본

54
주님의 곁으로 나아가며

주님, 비오니 당신의 나라를 우리에게 열어주시고
우리의 눈을 뜨게 해주셔서 당신을 보게 하소서.
당신께서 계신 곳에서 선물을 내려주시며
땅에서 우리의 마음이 솟아올라 당신께 닿게 하소서.
당신의 보화들을 우리 앞에 펼쳐놓으신 것처럼
우리의 생각이 당신 앞에 펼쳐지게 하소서.
당신의 사랑으로 우리를 세우시며
당신의 깨끗함으로 우리를 닦으소서.
당신의 지혜로 우리를 가르치시며
당신의 자비로 우리를 붙드소서.
하늘에서 당신의 손을 펼치사
이 땅 모든 이에게 복을 주소서.
우리가 당신의 손길을 알게 하시며
성령께서 주시는 기쁨을 받아들이게 하소서.
영원히 당신의 평화 안에 깃들게 하소서.

- 윈체스터의 에텔월드

• 이제 주님의 평화가 우리의 마음을 다스리도록 간구합시다.
  주님을 더욱 깊이 알게 해달라고 간구합시다.

주님, 우리 안에 깃드소서.

우리가 당신 안에 머물겠습니다.

당신의 심오함과 인간의 신비 가운데

우리 영혼은 당신을 향해 영원히 고정되어 있을 것입니다.

- 마거릿 크로퍼

55
주님의 평화를 마음에 새기며

주님, 당신의 나라는 영원한 평화입니다.

그러므로 당신께서 주시는 상급은 평화의 선물입니다.

당신께서는 평화를 위해 일하는 사람은

당신의 자녀라고 가르치셨습니다.

주님, 우리를 평화의 자녀로 키우소서.

평화의 상속자로 삼으소서.

우리 안에서 모든 불화를 씻어내시고

당신의 평안과 고요함으로 우리를 영원히 감싸주소서.

거룩한 지식을 갈망하며

• 주님께서 우리를 인도해주시기를 간구합시다.
  우리가 인내할 수 있도록 기도합시다.

사랑이 충만하신 주님,
우리 마음이 당신을 느끼도록 청명한 빛으로 밝히소서.
우리 정신이 당신의 가르침에 눈뜨도록
그 빛으로 인도하소서.
언제나 당신의 선한 뜻대로 생각하고 행하도록 이끄소서.
언제나 거룩한 것들을 생각하면서
당신의 빛 안에서 살게 하소서.

　　　　　- 새벽 미사 전례서, 동방 교회 전례서와 레오 기도문

56
우리의 발걸음을 인도하소서

주님의 길로 우리를 인도하소서.
우리와 동행하사 우리의 생각을 당신께 향하게 하소서.
우리의 발걸음을 돌아보사 우리가 정의를 좇게 하소서.
우리가 당신께 우리의 마음을 고정한 채 앞으로 나아갈 때
믿음의 길을 따라 영원한 기쁨의 나라에 닿게 하소서.

　　　　　　　　　　　- 모자라비 전례 기도

거룩한 사랑을 갈망하며

• 주님께 우리의 행위로 신앙을 고백합시다.

당신을 사랑하는 이들을 통해,
모든 일을 합력하여 선을 이루시는 주님,
우리 마음에 절대 실패하지 않는
사랑의 능력을 심어주소서.
우리 영혼에 당신을 갈망하는 거룩한 소망을 부어주소서.
그리하여 우리의 걸음이 모든 유혹을 떨쳐버리고
진정한 기쁨을 찾을 수 있는
유일한 장소로 나아가게 하소서.

57
지혜이신 그리스도를 찬미하며

• 주님께 우리가 앞으로 나아갈 힘을 달라고 간구합시다.
  주님의 뜻에 맞는 선하고 신실한 도구가 되게 해달라고 기도합시다.
  이 시간을 통해 그리스도께서 보여주신 모든 것에 대해 감사를 드립시다.

그리스도, 우주의 궁극이시여,
당신 안에서 모든 피조물은 온전함과 안식을 얻습니다.
세상의 현자들은 당신의 지혜를 헤아리지 못합니다.
당신께서는 모든 지혜로운 영혼의 빛이자 주인이시니

오직 당신 안에서만 완벽한 진리를 얻을 수 있습니다.
당신께서는 진리 그 자체이자 진리로 나아가는 길이시며
지혜로운 삶이자 지혜로운 삶으로 나아가는 길이시니
성부의 현시이신 그리스도시여,
당신의 은총을 입은 모든 영혼은
당신을 통해 보이지 않는 아버지를 보며
당신을 통해 닿을 수 없고 영원불멸하신 이와
연합하고 꺼지지 않는 기쁨을 누립니다.
그러니 우리에게 자비를 베푸소서.
우리가 당신을 영접하여 우리의 영혼이 낫게 하소서.

- 니콜라스 쿠자누스

58
거룩한 산에 오르며

전능하시며 영원하신 아버지,
당신께서는 우리를
주 예수 그리스도의 살아 있는 지체로 삼으셨습니다.
비오니 우리를 성령으로 양육하소서.
우리가 힘을 얻어 당신의 산으로 오르고 또 올라
이 삶에서도 당신께서 거두신 승리와
당신과 함께하는 기쁨을 맛보게 하소서.

순례자의 길이신 그리스도

• 참된 아름다움과 영광을 알게 해주신 주님께 감사드립시다.

주님, 감사합니다.
당신께서 사랑으로 우리를 보증해주시고
당신을 따르는 모든 이에게
당신의 나라로 가는
참되고 올바른 길을 보여주셨습니다.
당신의 거룩한 삶이
우리가 가야 할 길입니다.
당신의 온전한 인내에 힘입어
교회의 머리이자 왕이신 당신께 나아갑니다.
당신께서 먼저 이 길을 걷지 않으셨다면,
길을 보여주지 않으셨다면,
누가 감히 당신을 따라갈 수 있겠습니까?
복된 당신께서 먼저 걷지 않으셨다면
얼마나 많은 사람이
길을 잃고 지체하고 있겠습니까?
주님, 우리는 굼뜨고 우둔합니다.
앞서가셔서 길 위에 선 우리에게
당신의 빛을 비추소서.

- 토마스 아 켐피스

59

모든 것 가운데 찬미 받으소서

• 우리가 평화를 위해 쓰임 받을 수 있도록, 이 세계에서 그리스도의 연합을 더욱 공고히 하는 데 쓰임 받을 수 있도록 기도합시다.

우리가 꿈꾸는 그 어떤 모습보다

위대하시고 순수하신 이여,

당신만이 우리의 주님이십니다.

이 비천한 피조물의 감사를 받으소서.

우리 너머에 있으나 우리 안에 있고,

우리 아래에 있으나 우리 위에 있는 성령을 주시는 주님,

찬미 받으소서.

우리의 감사를 받으소서.

당신께서는 아름다우시고 또한 아름다움 그 자체이시며,

선하시고 또한 선 그 자체이시며

진실하시고 또한 유일한 진리이시나이다.

찬미 받으소서.

당신께서 펼치신 손길과 거두신 손길 가운데,

창조하시며 지키시는 은총 가운데,

당신의 일하심과 안식 가운데 찬미 받으소서.

만물의 역동적인 활동 가운데 고요하시며,

고통 가운데 기쁨이시며, 분쟁 가운데 평화이신 주님,

이 비천한 피조물의 찬미를 받으소서.
당신의 이름을 아는 이 아무도 없으나
오직 당신만이 알고 계십니다.

- 마거릿 크로퍼

60
소박한 기도

주님, 우리와 모든 주의 백성을
하늘에서 내려오는 평화의 도구로 만드소서.
혐오가 있는 곳에 사랑을,
분열이 있는 곳에 연합을,
잘못이 있는 곳에 진실을,
절망이 있는 곳에 희망을,
어둠이 있는 곳에 빛을,
슬픔이 있는 곳에 기쁨을 가져가게 하소서.
주여, 우리가 위로받기보다는 위로하고,
이해받기보다는 이해하며,
사랑받기보다는 사랑하게 하소서.
우리는 줌으로 받고 자신을 잊어버림으로 찾게 되며,
용서함으로 용서받고 죽음으로 영생을 얻나이다.

- 중세 프랑스 기도

61

새롭게 회복하소서

주님, 당신의 노래를 듣는 귀로
분쟁의 소음을 듣지 않게 하소서.
당신의 놀라운 사랑을 본 눈으로
복된 소망을 품게 하소서.
"주님은 거룩하시다",
당신을 찬미하는 혀로
진실을 말하게 하소서.
당신의 전을 거니는 발로
빛의 나라를 걷게 하소서.
당신의 복된 몸을 받은 모든 영혼의 삶을
새롭게 회복하소서.
당신께서 주신
이루 말할 수 없이 소중한 선물로
당신께 영광을 돌리나이다.

- 시리아 말라바르 전례서˙

˙ 1세기 경 사도 토마스에 의해 창립되었다고 알려진 인도 서남부 말
라바르 교회의 전례서다. 시리아 말라바르 교구는 로마 가톨릭 산
하에 있는 교구이지만 시리아/동방 교회 전례를 따른다.

62
우리를 당신의 손으로 지키소서

• 주님께서 보시기에 우리에게 필요한 삶의 변화를 달라고 간구합시다.
  보다 철저하게 우리를 주님의 뜻에 내어드립시다.

주님, 간구하오니 당신의 가족을 방문하소서.
당신의 거룩한 신비로 깨끗하게 된 영혼들을
당신의 소진되지 않는 사랑으로 지키소서.
당신의 자비로 영원한 구원의 치유를 선물로 받았으니
당신의 보호와 능력으로 이 선물을 간직하게 하소서.

- 레오 기도서

주님, 영원한 구원자시여, 복의 근원이시여,
당신께 거룩하고 복된 선물을 받은 우리를 기억하셔서
언제나 거룩하고 행복한 주의 종이 되게 하소서.

- 고딕 전례서

주님, 하늘 선물로 채우신 우리를 당신 손으로 지키소서.
우리를 모든 악한 것으로부터 자유롭게 하시고
우리가 전심을 다해 주께서 주신 구원을 향해
나아가게 하소서.

- 레오 기도서, 고딕 전례서

63
당신께서 밝히는 빛으로

주여 우리와 함께하소서.
우리가 당신을 따라 환히 빛나게 하소서.
우리 이웃에게 빛이 되게 하소서.
예수여, 우리의 빛은 전부 당신에게서 나옵니다.
그 어느 광선도 우리의 것이 아닙니다.
당신께서 밝히는 빛으로 우리가 이웃을 비추게 하소서.
주님, 당신께서 가장 사랑하시는 모습으로
당신을 찬미합니다.
당신께서는 우리와 함께 하는 모든 이에게
당신의 빛을 비추십니다.
말로 선포하지 않아도 삶으로 당신을 전하게 하소서.
영혼을 끌어당기는 공감의 삶으로,
조금씩 당신의 성인들을 닮아가는 삶으로
당신을 전하게 하소서.

- 존 헨리 뉴먼

변화하게 하소서

주님, 우리가 당신의 얼굴을 보려면

우리는 반드시 변해야 합니다.

오직 거룩한 사람만이 당신을 볼 수 있기 때문입니다.

우리가 이 크고 놀랍고 행복한 변화를 겪을 때

당신의 변하지 않는 은총으로 우리를 도우소서.

나날이 당신의 모습을 닮게 하시며

언제나 당신을 바라보면서

영광 안에서, 더욱 영광스러운 모습으로 변화하게 하소서.

- 존 헨리 뉴먼

64
거룩한 제대로 나아가며

• 우리의 사랑이 커지도록, 그리고 우리의 연약하고 부족한 모든 것을 주님
 의 오래 참는 사랑에 내어드리도록 기도합시다.

홀로 거룩하신 주님,

자격 없는 주님의 종인 우리가

당신의 거룩한 제대를 향해 나아갑니다.

기도하며 비오니

당신의 거룩한 영으로 당신의 것인

우리의 삶과 우리의 예물 모두에

복을 주시고 거룩하게 하소서.

이제 빵과 포도주를 먹고 마실 우리를

한 분이신 성령과의 교제 가운데 하나 되게 하셔서
주님의 교회와 함께, 영원토록 주님을
기쁘게 하는 성인들과 함께
은총과 자비와 하늘의 복을 누리게 하소서.

- 대 바실리우스 전례서

65
우리의 마음에 머무소서

우리를 사랑하시고 구원하신 주님,
오셔서 우리의 마음에 머무소서.
우리에게 그 어떤 선물보다 달콤한 사랑을 주소서.
사랑에는 원수가 없습니다.
우리의 마음에 당신의 사랑에서 나온
순수한 사랑을 심으소서.
당신께서 우리를 사랑하셨듯이
우리 또한 남을 사랑하게 하소서.
한없는 사랑이시며 모든 사랑의 발원지이신 아버지여,
얼어붙은 대지같이 당신과 이웃에게 냉랭한
우리 마음을 당신의 불로 녹이소서.
지금부터 영원히 우리를 도우시며 축복하소서.

- 캔터베리의 안셀무스

당신의 자애로운 영으로

• 주님께 용서하는 마음과 인내하는 마음을 달라고 기도합시다.
  주님께 형제애를 달라고 간구합시다.

주님, 과거 우리가 지은 모든 죄를 용서해주소서.
비오니 당신의 자애로운 영으로 연약한 우리를
쉼 없이 붙드시고 인도하셔서
사랑으로 우리가 이웃과 당신을 섬기게 하소서.
때가 차면 우리 모두 당신께서 예비하신
기쁨에 닿게 하소서.

66
용서를 구하는 기도

주님, 우리를 뒤덮은 연약함 때문에
우리는 곧잘 죄를 짓고 용서를 구합니다.
주님께서 보여주신 인내와 친절을 본받아
우리가 당신께 용서받은 것처럼
남을 용서할 수 있도록 도와주소서.
당신께서 우리를 한량없이 사랑하시듯
우리 또한 형제와 자매를 아낌없이 사랑하게 하소서.

- 크리스티나 로세티

이웃을 되새기는 기도

모든 마음의 주인이시여,
우리의 마음과 우리 곁에 이웃이 살게 하소서.
우리의 생각이 그들의 유익을 찾게 하시고
언제나 이웃을 향하는 당신의 사랑에,
당신께서 그들에게 주신 복과 은총에
우리가 즐거워하게 하소서.
우리도 기뻐하며 당신을 향해 찬미 드리게 하소서.

- 토머스 켄

사랑을 갈구하며

주님, 끝이 없는 당신의 사랑이
언제나 우리에게 축복을 전해주듯이
우리 영혼이 늘 당신을 향한 사랑으로 숨 쉬게 하소서.

- 토머스 켄

67
예배하며 기뻐하게 하소서

주님, 비오니 우리가 항상 당신께 예배하며
기뻐하게 하소서.
우리가 모든 선하고 유익한 것을 지으신 당신을 섬길 때
우리 행복은 영원히 그치지 않고 언제나 가득합니다.

- 레오 기도서

은총으로 우리를 이끄소서

주님, 당신의 인자함 안에서
모든 선한 것이 시작하며 끝을 맺습니다.
우리를 바라보시며 불쌍히 여기소서.
당신의 은총에 의지하여
당신의 뜻이 이끄는 길을 따르려는 우리가
생명의 길에서 한 걸음도 벗어나지 않게 하소서.

- 레오 기도서, 젤라시오 성무집전서

당신의 자애로운 영으로 연약한 우리를
쉼 없이 붙드시고 인도하셔서
사랑으로 우리가 이웃과 당신을 섬기게 하소서.

두 번째 기도서

68
다시 기도를 시작하며

이제 저는 거룩한 집으로 들어갑니다.
그곳은 언제나 성인들의 노래로 가득합니다.
저 또한 당신께 드리는 음악이 되겠습니다.
저는 문 앞에서 악기를 조율합니다.
그리고 안에서 할 일을 지금 생각합니다.

- 존 던

야훼 주님은 위대하시고 강하시며
존귀와 승리와 영화로 영원히 빛을 내십니다.
하늘과 땅에 있는 것 어느 하나
주님의 것 아닌 것이 없습니다.
주님, 나라는 당신의 것이며
당신만이 온 세상 위에 높임을 받으십니다. …
모든 것은 당신께서 주시는 것이기에 우리는 당신 손에서
받은 것을 바쳤을 따름입니다. (1역대 29:11,14)

주님, 위엄과 능력과 영광과 존귀 모두 당신의 것입니다.
주님, 영광을 받으소서. 모든 영광을 받으소서.
당신의 포근한 자비로 아침이 우리를 밝힙니다.

그때가 되면 저는 하늘을 바라보며
당신께 기도드리겠습니다.

69
우리의 집을 넓히소서

주님, 우리에게 당신을 주소서.
우리 안의 당신을 회복하소서. 당신을 사랑합니다.
우리의 사랑이 부족하다면,
우리가 더욱 힘을 내어 당신을 사랑하게 하소서.
우리의 삶이 당신의 품에 안겨
가장 은밀한 곳에 누울 때까지 돌아보지 않게 하소서.
당신의 얼굴이 보일 때까지,
온전한 평화를 누리고 영원한 숨을 들이쉴 때까지.

지고하신 주님, 모두에게 감추셨고 모두에게 나타나시며,
가장 아름다우시고 가장 강하시며,
한결같으시나 그 누구도 이해할 수 없고,
변함이 없으시나 모두를 변화시키시는 분이시여.
나의 생명이며 거룩한 기쁨이신 당신에 관해
무엇을 말할 수 있겠습니까.
어느 누가 당신을, 어느 누가

당신에 관해 말할 수 있겠습니까.

우리의 영혼이 머무는 집은 좁습니다.
주님, 당신께서 들어오실 수 있도록
우리의 집을 넓히소서.

주님만이 유일한 실재이시며,
우리는 오직 당신의 질서 안에 머물며
당신께서 우리 안에 계실 때
우리는 존재한다고 말할 수 있습니다.
당신께서는 우리의 가장 깊숙한 부분보다
더 깊은 곳에서 우리와 함께하시며
우리의 가장 높은 모습보다 높은 곳에서
우리를 부르십니다.

70
당신의 생명이 우리 삶 가운데 영원히 함께하기를

• 주님께서 우리에게 하기 원하시는 일들을 보여달라고 간구합시다.

주님, 당신께서는 하늘과 땅을 채우시고
언제나 쉬지 않으시며 언제나 안식하십니다.
모든 곳에 계시며 모든 곳에 현존하십니다.

먼 곳에 계실지라도 부재하지 않으시며,
모든 것을 가득 채우시고 또한 초월하십니다.
말소리를 내지 않아도 신자들의 마음을 가르치시는 주님,
우리를 가르치소서.
우리 주 예수 그리스도의 이름으로 기도드립니다.

주님, 우리의 참되고 지고하신 생명이시여,
당신으로 인하여, 당신을 통하여, 당신 안에서
모든 생명이 참으로 살고 복을 누립니다.
당신으로 인하여, 당신을 통하여, 당신 안에서
모든 선한 것이 그 선함과 사랑스러움을 지니게 됩니다.
우리 주 예수 그리스도를 통해
당신의 생명이 우리 삶 가운데 영원히 함께하기를
당신의 풍성한 자비 안에서 간구합니다.

주님, 우리는 당신께 돌아갑니다.
정처 없이 헤매던 곤한 영혼이
당신께 솟아오르길 원합니다.
당신 손으로 만드신 것들에 등을 잠시 기대었다가
우리 주 예수 그리스도를 통하여
이 모든 것을 만드신 당신께 닿기를 원합니다.

- 히포의 아우구스티누스

71
당신께 가는 길을 가르치소서

주님, 당신께 가는 길을 우리에게 가르치소서.
우리는 당신께 가고자 하는 간절한 마음만 있을 뿐
당신께 갈 도리가 없습니다.
주님, 우리는 아무것도 알지 못합니다.
다만 허망하게 흩어지는 것을 떠나
한결같고 영원한 세상을 찾을 뿐입니다.
아버지, 우리는 이것만을 알기에
언제나 바라고 찾아 헤맵니다.
하지만 우리는 주님께 닿는 길을 알지 못합니다.
당신께서 길을 밝히 보이시고
우리가 그 길을 갈 수 있도록 힘을 주소서.

- 히포의 아우구스티누스

. . .

놀랍고 강하신 주님,
당신의 능력과 지혜는 실로 무궁무진합니다.
당신은 우리 아버지이십니다.
우리는 영원에서 영원토록 당신을 사랑하며 경배합니다.
당신의 빛에서 나온 빛이 우리 마음의 눈을 밝힙니다.

완전한 빛으로 우리를 이끄셔서
그 빛이 우리 모두를 비추게 하소서.
당신의 사랑으로 우리 마음을 걸러내어
우리가 당신을 식별하게 하소서.
오직 마음이 깨끗한 사람이
당신을 볼 것입니다.
당신께서는 우리를 자유롭게 하셨으며
우리를 당신 곁으로 부르셨습니다.
그러므로 우리 주 예수 그리스도를 통하여
우리를 당신의 나라로 이끄시며
당신의 나라에서처럼 지금 우리를 온전하게 하소서.

- 히포의 아우구스티누스

· · ·

당신을 아는 사람에게 빛이 되시며
당신을 사랑하는 영혼의 생명이시며
당신을 섬기는 마음의 힘이 되시는 주님,
우리가 당신을 알아 당신을 진실로 사랑하게 하소서.
우리가 당신을 사랑하여 당신을 항상 섬기게 하소서.
아버지에게는 우리 주 예수 그리스도를 통하여 주시는
완전한 자유가 있습니다.

- 젤라시오 성무집전서

주님, 가장 밝고 홀로 참된 빛이시여!
당신에게서 이 세상을 비추는 빛이 솟구칩니다.
주님, 당신께서 빛으로 세상에 태어난 모두를 비추십니다.
밤을 모르는 빛이시여,
당신 없이는 모든 것이 답답한 어둠뿐입니다.
세상의 지혜여, 우리의 정신을 밝히소서.
당신을 즐겁게 하는 것만을 보게 하시고
그 외의 것들에 관해서는 우리 눈을 닫게 하소서.
비오니 우리가 오늘도 당신의 길을 걷게 하소서.
당신 얼굴의 빛으로 우리의 가장 깊은 생각을
돌아보게 하시고
우리의 식어버린 마음을 따뜻하게 하소서.
이제 주님께서 가르치신 기도로 구하니 …

(주의 기도를 드린다)

72
영원에서 영원까지 변치 않으시는 주님

당신을 찾는 마음의 빛이신 주님,
당신을 사랑하는 영혼의 생명 되시는 주님,
당신을 갈망하는 생각에 힘을 주시는 주님,
우리의 정신을 넓게 펴시고

우리 마음의 눈을 뜨게 하소서.
신속한 기도의 날개를 타고
우리 영혼이 주님께 닿기 원합니다.
우리 주 예수 그리스도를 통하여
영원에서 영원까지 변치 않는 지혜이신
당신께 닿기 원합니다.

주님, 당신을 멀리할 때 우리는 추락하고
당신을 가까이할 때 우리는 날개 치며 오릅니다.
당신께 의지할 때 우리는 영원히 요동하지 않으니
지금, 언제나, 이곳에서, 어느 곳이든지,
우리의 안과 밖을, 우리의 위와 아래를,
우리의 모든 방향을 지켜주소서.
예수 그리스도의 이름으로 기도합니다. 아멘.

· · ·

놀랍고 강하신 주님,
당신의 능력과 지혜는 끝을 잴 수 없습니다.
당신은 우리의 아버지시니
우리는 당신을 영원히 흠모하며 경배합니다.
변치 않는 진리, 참된 사랑, 복된 영원이신 전능하신 주님,
당신을 아는 것이 생명이며,

당신을 섬기는 것이 우리의 왕 됨이요,
당신을 찬미하는 것이 영혼의 안전과 기쁨입니다.
당신 안에서, 우리 주 예수 그리스도를 통해
우리는 살아가고 움직이며 존재합니다.

- 히포의 아우구스티누스

주님,
당신의 마음을 헤아리는 식견과
언제나 당신을 갈망하는 성실과
당신을 알아차릴 수 있는 지혜와
당신 안에서 영원한 안식을 얻을 신실한 마음을
주 예수 그리스도를 통하여 허락하소서.

- 토마스 아퀴나스

73
우리 마음에 당신의 사랑을 부어 주소서

주님, 당신께서는 당신을 사랑하는 이에게
누구도 상상하지 못할 놀라운 선물을 준비하셨습니다.
우리 마음에 당신의 사랑을 부어주시고 채워 주소서.
우리가 당신을 그 누구, 그 무엇보다 사랑하게 하소서.
우리 주 예수 그리스도를 통하여

우리가 바랄 수 있는 그 무엇보다 뛰어난

당신의 약속을 이루소서.

- 영국 성공회 기도서(1928)

· · ·

전능하시며 가장 자비로우신 주님,

우리의 모든 생각을 아시며 모든 선의 원천이신

주님께 우리 죄를 고백합니다.

비오니 얼룩진 과거의 허물로부터 우리를 씻기소서.

우리가 회개하며 그에 합당한 열매를 맺게 하소서.

영원한 빛이여, 우리 마음을 환히 비추소서.

영원한 선이여, 우리를 악으로부터 구하소서.

영원한 힘이여, 우리를 항상 도우소서.

영원한 지혜여, 우리의 무지를 흩으소서.

영원한 자비여, 우리를 불쌍히 여기소서.

마음과 생각과 힘을 다하여

언제나 그리고 영원히 당신의 얼굴을 찾게 하소서.

한없는 당신의 자비로 우리를

당신의 거룩한 현존과 마주하게 하소서.

우리 주 예수 그리스도의 이름으로 기도합니다.

아멘.

- 요크의 알퀸

주님, 당신의 성전 안에 머물러
당신께서 풍성한 자비를 베풀어주시기를 기다립니다.
우리 눈은 위엄과 영광이 가득한 당신을 볼 것입니다.
당신의 아름다운 생각을 몸과 마음에 새기고
가만히 당신을 섬기겠습니다.

- 재닛 어스킨 스튜어트

74
시편으로 드리는 기도

우리는 자신을 마른 잎처럼 떼어냅니다.
그리고 오직 주님께 우리의 전부를 잇댑니다.
우리는 당신의 영광을 위해 우리를 찾아오는
모든 시험을 견디겠습니다.
주님, 우리의 마음을 따르지 않고
오직 당신의 생각을 품고 예배하게 하소서.
우리 자신을 저버리고
오직 주님의 영광을 위해 살게 하소서.
우리 자신의 연약함과 무력함을
기꺼이 받아들이게 하소서.
당신을 흠모하며 우리의 부족함을 잊게 하소서.

주님은 주의 거룩하신 성전 안에 계시니
온 세상은 주 앞에서 잠잠할지어다.
우리는 감사 기도를 드리며
당신의 성문으로 들어가고
찬양 노래를 부르며 뜰 안으로 들어가겠습니다.
당신의 이름을 기리며 평생 당신을 찬미하겠습니다.

- 시편 100편

. . .

어서 오라, 주님께 엎드려 경배드리자.
우리를 지으신 주님께 무릎을 꿇자.
그는 우리의 목자, 우리는 그가 초장으로 누이시는
백성이요, 손으로 이끄시는 양 떼라.

- 시편 95:6~7

. . .

지극히 높으신 주님께 감사하는 일,
그보다 더 좋은 일이 있으랴.
아침에 주님의 사랑을 드러내며
밤마다 주님의 미쁘심을 전하리라.

- 시편 92:1~2

이날은 주님께서 정하신 날,

우리 모두 기뻐하며 즐거워하라.

우리는 평안히 몸을 눕히고 잠을 청하리.

주님께서 밤중에 우리를 지키셨으니 우리가 일어났도다.

주님, 영광이 주님의 것입니다!

- 시편 118:24

. . .

하늘과 땅을 만드신 분,

주님의 이름에 우리의 구원이 있도다.

주님의 이름을 찬미하여라, 이제로부터 영원히.

- 시편 124:8, 121:8

75
정결을 구하는 기도

• 주님께서 우리 안에 계시고 우리는 주님 안에 있습니다. 이렇게 하나가
되었사오니 우리가 영원히 주와 함께하기 원합니다.
우리가 주님을 더욱 잘 알게 되기를 간구합시다. 우리와 함께하시는 주님
께로 나아갑시다.

전능하신 주님, 당신은 우리의 모든 갈망을 헤아리시며

우리의 모든 마음의 문을 여십니다.

당신께 숨길 수 있는 비밀이란 없으니

우리 마음과 생각을 성령의 단비로 깨끗하게 하소서.
당신을 온전히 사랑하며
당신의 거룩한 이름을 드높이게 하소서.
주 예수 그리스도의 이름으로 기도합니다.

- 그레고리우스 전례서

. . .

영원토록 위대하고 찬란한 영광이 가득하신 주님,
열심히 당신을 사랑하는 사람과
맺은 약속을 끝까지 지키시는 주님,
당신은 모두의 생명이시고
당신께로 달음질하는 이에게 도움을 주시며
당신을 향해 부르짖는 이에게 소망이 되십니다.
바라건대 우리를 깨끗하게 하소서.
죄와 당신의 인자하심에 어긋나는
모든 생각에서 우리를 깨끗하게 씻어내셔서
정결한 마음과 깨끗한 생각과 완전한 사랑과
흔들리지 않는 소망을 가지고
당당하게, 두려움 없이 기도하게 하소서.
우리 주 예수 그리스도에 힘입어 나아가게 하소서.
이제 주님께서 가르치신 대로 기도하오니 …

(주의 기도를 드린다)

76

여명의 빛으로 인도하소서

주님, 당신을 찾는 법을 가르쳐주소서.
당신을 찾을 때 당신의 모습을 드러내소서.
당신께서 우리를 가르치시지 않으면
우리는 당신을 찾을 수 없고 발견할 수도 없습니다.
당신의 모습을 보여주소서.

- 캔터베리의 안셀무스

. . .

아침부터 저녁까지 우리 마음에 당신을 모시길 원합니다.
아무것도 원하지 않고 아무것도 소망하지 않습니다.
다만 우리 안에 있는 모든 것이
당신의 영에 사로잡히기를 바랍니다.
이것이 우리가 속한 종교와 공동체와 믿음의
핵심이 되게 하소서.

- 윌리엄 로

. . .

하늘을 별로 수놓으시고
죽음의 그림자를 아침 노을로 바꾸신 주님,

오늘, 이 새로운 날을 주신 당신께 감사드립니다.

왕이신 당신을 찬미합니다.

당신께서는 우리 마음에 영원한 소망이

해처럼 돋게 하십니다.

당신의 복음은 생명과 불멸과 빛을 우리에게 줍니다.

주님, 당신께서는 우리를 어두운 밤에서

여명의 빛으로 인도하십니다.

또한 당신의 영으로 우리 안에 가득한

무지와 죄의 안개를 걷어내십니다.

사랑이 가득한 당신께 비오니

거룩한 빛으로 우리 영혼을 적시소서.

언제나 당신을 흠모하며 당신의 거룩한 이름에

존귀와 영광을 돌리게 하소서.

당신께서는 사랑으로 우리를 창조하셨고

당신의 자비로 우리를 구원하시며

당신의 섭리로 우리 삶을 다스리십니다.

77

참으로 살아계신 주님을 찬미하며

당신은 거룩한 주님, 신 중의 신이시며

홀로 기적을 일으키십니다.

강하시며, 위대하시며, 가장 높으신 분이여,

전능한 분, 거룩한 아버지, 하늘과 땅의 왕이여,

셋이며 하나인 분, 만유를 주재하는 분이시여,

선하신 분, 모든 선이자 가장 높은 선인 분,

참으로 살아계신 주님,

당신은 사랑, 한없는 사랑이며 지혜입니다.

당신은 겸손입니다.

당신은 인내이자 용기이며 분별입니다.

당신은 안전이고 안식이며 기쁨과 즐거움입니다.

당신은 정의와 절제며

우리의 모든 부귀영화와 유업입니다.

당신은 아름다움이며 친절입니다.

당신은 우리의 방패입니다.

당신은 수호자이며 파수꾼입니다.

78
제자들과 동행하셨듯 우리와 함께하소서

예수께서 그들에게 다가가서 나란히 걸어가셨다. …
그리고 그들은 "길에서 주님이 우리에게 말씀하실 때
우리의 마음이 뜨겁지 않았던가!" 하고 서로 말하였다.

- 루가의 복음서 24:15,32

당신은 우리의 힘과 피난처,

당신은 우리의 믿음과 소망과 사랑,

당신은 우리의 달콤함,

당신은 우리의 영생입니다.

당신께서는 한없이 선하고 위대하시며

경이로 가득 찬 분이십니다.

당신은 사랑과 자비가 가득하십니다.

- 아씨시 프란치스코

· · ·

찬미 받으실 주님,

유다의 변방에서

당신의 제자들과 동행하셨던 주여,

당신께 나아온 우리와도 함께 하소서.

우리는 당신의 사랑에 화답하여

여기 당신 앞에 나왔습니다.

당신의 제자들이 당신을 막아서며

"우리와 함께하소서.

해는 저물었고 하루는 훌쩍 지났나이다" 말했듯

우리 역시 당신을 붙잡고

우리와 함께 이곳에 있어 달라고 간청합니다.

오소서, 그리고 우리와 함께 머무소서.

79
오늘의 기도

주 예수 그리스도, 말씀이며 영원한 성부의 계시여,

오셔서 우리의 영혼을 취하소서.

우리의 정신을 사랑에 관한 생각으로 채우시고

우리의 상상은 사랑의 모습에 빠지게 하셔서

우리의 그 어떤 생각과 욕망도

당신의 거룩한 뜻에 거슬리지 않게 하소서.

부디 우리를 깨끗하게 하소서.

당신의 음성을 듣지 못하게 하는 것과

순종을 훼방하는 모든 것을 없애소서.

성부와 성령과 한 분이신 주님을 영원히 찬미합니다.

아멘.

- 무명의 그리스도인

· · ·

주님, 우리는 당신께서 이곳에 계심을 믿습니다.

당신께서 우리와 함께하심을 깨닫게 하소서.

당신은 모든 것을 아십니다.

우리가 당신을 사랑하는 걸 당신은 아십니다.

오늘 우리가 맡은 일과 드리는 기도와

삶 전부를 도와주소서.
그리하여 우리의 모든 것이 빛이며 소망이요,
기쁨이신 주님을 향하게 하소서.

아침 기도

해돋이부터 저녁노을이 사라질 때까지
예수, 당신의 귀한 이름은 찬미 받으소서.
주님의 이름을 드높여 찬미하여라.
이제부터 영원까지 찬미하여라.
성부여, 유일한 독생자 예수 그리스도의
영광스러운 이름을
당신을 믿는 자들에게 가장 달콤하고
사랑스러운 이름으로 삼으셨습니다.
악한 영들은 그 이름을 듣고
떨며 두려워합니다.
당신의 가득한 자비로 비오니
주 예수의 이름을 흠모하는 이에게
이 세상에서도 달콤한 위로를 맛보게 하시며
장차 다가올 세상에서
영원한 복과 영광을 누리게 하소서.
가장 거룩한 이름으로 기도합니다.

저녁 기도

주님의 이름을 부르는 사람은 누구든지 구원을 얻으리라.
주님, 모든 땅이 당신께 예배드리며
감사 찬양할 것입니다.
그리고 당신의 이름을 찬미할 것입니다, 주님.

80
새롭게 결단하며 드리는 기도

· 기대하는 믿음을 갖고 아버지이시며 창조자이신 주님께 나아갑시다.

우리는 가까이에서 당신을 보기 원합니다.
당신의 사랑이 얼마나 강하고
얼마나 완전하고 얼마나 신비롭게
당신의 자녀이며 피조물인 우리에게 나타났는지.
기대하는 믿음을 가지고
우리를 위해 인간이 되신 주님께 나아갑니다.
우리는 가까이에서 당신을 보기 원합니다.
당신의 사랑이 얼마나 겸손하고
얼마나 당당하고 순진하며 얼마나 관대하게
당신께서 가족이라고 부르신 우리에게 드러났는지.
이제 우리는 믿음으로 기대하며 죽임당한 어린양이 되신

구원의 주님께 나아갑니다.

우리는 당신 곁에서 보기 원합니다.

사랑으로 겪은 고난과 사랑으로 치른

대가와 사랑으로 거룩한 삶이

어떻게 우리를 구원했는지 당신 곁에서 보기 원합니다.

81
당신 곁에서 보기 원합니다

· 주님께 우리 자신으로부터 우리를 구해달라고 기도합시다.
  순전한 사랑을 달라고 간구합시다.

믿음으로 기대하며

불, 바람과 같은 영이신 당신께 나아갑니다.

당신 곁에서 보기 원합니다.

당신 사랑의 능력과 사랑의 빛과 사랑의 깨끗함이

어떻게 우리를 거룩하게 하는지

당신 곁에서 보기 원합니다.

믿음으로 기대하며 그리스도의 몸인 교회 안에서

당신께 나아갑니다.

당신 곁에서 보기 원합니다.

사랑으로 견디신 역경과 사랑으로 흘리신 피와

사랑의 견딜 수 없는 기쁨이

어떻게 우리를 당신의 거룩한 자녀로 만들었는지
당신 곁에서 보기 원합니다.
믿음으로 기대하며 시온 산에 올라
처음이자 나중이신 당신께 나아갑니다.
당신 곁에서 보기 원합니다.
사랑의 광채와 사랑의 거룩함과 사랑으로
날로 커지는 기쁨이
어떻게 슬픔과 죄와 사망을 이겼는지
당신 곁에서 보기 원합니다.

82
당신의 기도를 간구하며

· 우리의 영혼이 감당할 수 있는 새로운 통찰의 빛을 간구합시다.

우리가 기도할 수 있도록 도와주소서.
우리 안에서, 우리를 위해 기도하소서.

83
모든 신자를 위한 기도

예배 장소에 있는 친구들과
기도와 봉사로 하늘나라의 일에

힘쓰고 있는 이들을 기억합니다.
그리고 주님, 당신을 찾는 모두에게
복 주시길 기도합니다.
주님, 기도를 통해 하나 된 모든 사람이
서로를 돕고 받아들이게 하소서.
우리가 당신의 온전한 지체가 되게 하소서.
당신의 생명을 나누고 당신의 뜻을 이루면서
활력을 얻게 하소서.
교회를 섬기며 당신 나라에 힘을 더하게 하소서.

84
교회로 모인 이들을 위한 기도

• 주님께 겸손과 인내의 은총을 달라고 간구합시다.
  우리를 주님의 손에 내어드리고 주님께 우리가 갈 길을 보여달라고 기도
  합시다.

주님, 어느 생각이 당신의 힘을 헤아리며
무엇으로 당신의 영광을 잴 수 있습니까?
무한한 당신의 자비와 사랑은 말로 다 할 수 없습니다.
주님, 긍휼로 당신을 따라 모인 이들을 굽어살피소서.
거룩한 집에서 기도하는 이들에게
당신의 풍성한 은총과 자비를 허락하소서.

주님, 당신의 백성을 구원하시고

당신의 유업에 복을 더하소서.

당신의 교회에 평화를 베푸소서.

교회의 아름다움을 사모하는 이들을 거룩하게 하소서.

당신의 능력으로 그들을 영화롭게 하소서.

당신을 소망하는 이들을 잊지 마소서.

주님, 당신께서는 하늘의 자리를 세우시고

천사와 대천사의 군대로 당신을 섬기게 하셨습니다.

비오니 거룩한 천사들이

이곳에서 우리와 함께 있게 하소서.

우리와 함께 당신을 섬기고

당신의 이름을 드높이게 하소서.

당신 홀로 모든 영광과 존귀와 흠모를 받으소서.

성부, 성자, 성령, 지금부터 언제나 영원히. 아멘.

85
제자가 되기를 소망하는 기도

길이며 진리이며 생명이신 주님,

우리가 하는 모든 일 가운데서

우리를 인도해주시기를 간구합니다.

당신의 지혜로 우리를 가르치소서.

당신의 손으로 우리를 이끄소서.

당신의 팔로 우리를 붙드소서.

우리 영혼이 거룩한 하늘을 갈망케 하소서.

당신의 형상을 닮게 하소서.

그리스도께서 사신 것같이 우리도 이 땅에서 살게 하소서.

그리스도께서 하신 일들을

우리도 이 땅에서 행하게 하소서. 아멘.

86
주의 종들을 위한 기도*

주님, 감사합니다.

당신은 자비롭고 당신의 사랑은 영원합니다.

왕이신 주님, 당신을 찬미합니다.

당신의 이름에 감사드리며 감사로 찬양을 올립니다.

당신께서는 선한 목자이시며 충성된 종의 주님이시니

당신께서 자비로 택하신 종 _____를 굽어살피소서.

당신께서 그에게 이 교회를 맡기셨으니

그가 항상 우리를 이끌며 지키게 하시고,

---

* 이블린 언더힐이 당시 영국 성공회 첼름스퍼드 교구 주교인 헨리
앨버트 윌슨Henry Albert Wilson(1876~1961)을 염두에 두고 한 기도이나
모든 성직자를 위해 드릴 수 있도록 편집했다.

우리를 위로하고 우리에게 거룩한 길을 가르치게 하소서.

당신의 은총으로 _____를 시험에서 구하시고

그의 말과 행실이 당신을 닮게 하셔서

그가 자신에게 맡겨진 신자와 함께

영원한 생명을 얻게 하소서.

우리 주 예수 그리스도의 이름을 통하여 기도합니다.

나라를 위한 기도

전능하시고 영원하시며

하늘과 땅 모두를 다스리시는 주님,

자비로 충만하신 이여, 우리의 기도를 들어주소서.

이 나라가 겪고 있는 영적 전쟁을 헤아리셔서

우리를 도와주소서.

신실한 사람에게 힘을 주시고 그를 세우시며,

어린아이들을 당신 손으로 지키시고 인도하소서.

아픈 사람과 괴로운 사람,

가난한 사람과 어려움에 빠진 사람,

힘들어하는 사람 모두를 위로하소서.

마음이 굽은 사람을 바르게 하시고

마음이 얼어붙은 사람에게 불을 주소서.

넘어진 사람을 일으켜 세우시고

뉘우치는 사람을 회복시키소서.
전진하는 당신의 진리를 막는 모든 장벽을 치우시고
당신의 거룩한 교회 안에서 우리 모두가
한마음, 한 뜻이 되게 하소서.
모든 영광과 존귀를 복된 독생자
예수 그리스도께 돌리게 하소서.

교회 안의 모임을 위한 기도

전능하시고 영원하시며 모든 지혜와 식별의 샘이신 주님,
이제 우리가 당신께 간구할 때 우리와 함께하소서.
지금 이 시간 우리는 주님께 속한
공동체의 건강과 성장을 위해
몇 가지 일을 생각해보려 합니다.
이 시간,
우리가 오직 주님의 영화와 영광을 좇게 하소서.
이 자리,
이 모임을 이끄소서.
우리가 더욱 좋은 방법으로
당신을 섬길 수 있도록 가르치소서.
언제나 주님만 따를 수 있도록 은총과 능력을 주소서.
우리 주 예수 그리스도의 이름으로 기도합니다.

87
충성과 헌신을 구하는 기도

참되고 모든 생명의 주인이신
예수 그리스도시여,
당신께서는 당신의 도성을 쌓기 위해
종들을 부르셨습니다.
우리 삶을 깨끗하게 하시고 영화롭게 하소서.
당신을 따르는 우리의 신앙이 날로 깊어지게 하소서.
매일 우리가 당신을 알아가게 하소서.
성령의 힘으로 우리를 통해 당신을 알리소서.
우리를 겸손하게 하시고, 용기를 주시고,
사랑을 더하소서.
신앙의 여정에 나설 준비를 마치게 하소서.
그리하여 안전 대신 충성과 헌신을 구하게 하소서.
우리를 위해 죽음도 피하지 않으신 용감하신 주여,
당신께서는 영원히 살아계시고
영원히 다스리십니다.

• 주님께 더욱더 깊고 오묘한 기도의 세계로 인도해달라고 간구합시다.

주님, 당신께서는
당신의 나라가 이 땅에 오리라는

놀라운 소망을 주셨습니다.
그리고 당신의 나라를 이루기 위한 기도를
가르쳐주셨습니다.
당신의 나라가 아침 해처럼 떠오르는 모습을 보고
감사드리게 하소서.
아버지의 뜻이 하늘에서와같이
땅에서도 완성될 그 날을 위해
기도하며 일하게 하소서.
당신의 교회 안과 밖에서 일하시는
성령께 감사드립니다.
영원히 주의 이름을 흠모하며 높여 부릅니다.

88
모든 영혼에게 빛을 주시는 주님을 찬미하며

이 세상 모든 영혼에게 빛을 주시는 주님,
기도하오니 당신의 놀라운 은총으로
우리 마음과 생각을 여소서.
우리 생각과 행동이
당신께 합당하고 기쁨이 되게 하소서.
진실로 사랑하고 충성된 마음으로
당신을 섬기게 하소서.

89
회복을 구하는 기도

- 우리를 가장 잘 아시는 주님께 우리가 가장 필요한 그것을 달라고
  간구합시다.
  우리와 갈등을 겪은 모든 사람을 위해 기도합시다.
  희생의 정신을 달라고 간구합시다.

아버지, 기도에 서툰 우리의 기도를 온전하게 하소서.

어린아이와 같은 우리에게 지혜를 주소서.

열심히 주의 길을 걷고 있는 이들을 도우소서.

당신을 외면했던 이들에게 참회하는 마음을 주소서.

텅 빈 마음을 당신을 향한 열정으로 채우소서.

모두에게 주님이라는 복된 종말을 허락하소서.

- 젤라시오 성무집전서

90
참된 종이 되기를 간구하는 기도

- 이 세상 모든 곳에 주님의 사랑이 가득하기를 간구합시다.

자애로우신 주님,

차마 고개를 들지 못했던 세리의 기도를 받으신 주님,

당신의 종에게도 겸손한 영을 주소서.

우리의 표정이 거만하지 않게 하소서.

우리의 생각이 교만하지 않게 하소서.
우리가 허영과 오만을 멀리하고
자기애와 남의 목소리에 귀 기울이는
치기에서 벗어나게 하소서.
언제나 당신의 자비를 신뢰하며
영광의 주 예수 그리스도를 따르게 하소서.

- 제레미 테일러

• • •

• 새롭게 주님을 알게 해달라고 간구합시다.
  주님께서 우리와 함께하심을, 주님이 지니고 계신 진리를
  보다 깊이 이해할 수 있게 해달라고 간구합시다.

주님, 빛과 진리의 광선을 비추소서.
그 광선이 저를 주의 거룩한 산으로 인도하며
영원히 당신 품에 안기게 하소서.

91
모든 것을 아시는 주님께

우리처럼 이 험난한 땅에서
모든 시험을 겪었던 주 예수 그리스도시여,
아무런 죄도 짓지 않으신 당신께서

우리를 불쌍히 여기소서.

사랑스러운 당신의 지혜로 우리를 인도하소서.

언제나 우리가 무엇을 해야 하는지 가르쳐주소서.

당신 홀로 우리의 모든 삶을 아십니다.

당신 홀로 우리의 고통과 가난이 펼쳐진 지도를 보십니다.

당신 홀로 우리가 가야 할 그 완벽한 길을 아십니다.

우리에게 그 길을 보이시며 걸음을 인도하소서.

구세주여, 몸과 마음과 영혼을 지키소서.

당신의 강하고 따뜻한 손에 우리의 삶을 맡깁니다.

92
예배하는 자리에서 드리는 기도

· 주님을 더욱 아는 지식을 간구합시다.

주께서 뜻하신 모두를 이곳에 부르소서.

이곳을 평안의 영으로 가득 채우소서.

· · ·

· 그리스도께 우리가 무엇을 식별해야 하는지 간구합시다.

십자가에서 이 어두운 세상을 밝히신 구세주 그리스도여!

우리의 영혼과 몸을 당신의 빛 안에서 새롭게 하시고 생기

를 되찾게 하소서.

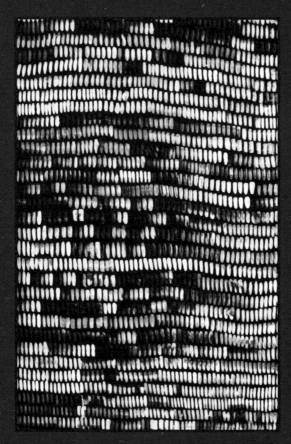

우리 생각과 행동이 당신께 합당하고 기쁨이 되게 하소서.
진실로 사랑하고 충성된 마음으로 당신을 섬기게 하소서.

93

성육신과 믿음의 신비를 되새기며

· 우리에게 믿음의 능력을 더해달라고 그리스도께 간구합시다.
  주님께서 이 땅에 계실 때 구하시고 찾으셨던 믿음을
  우리 또한 구하고 발견합시다.
  우리의 사랑이 더욱 자애롭도록 간구합시다.

94

용기를 구하는 기도

· 우리가 앞으로 나아갈 힘을 달라고 간구합시다.

당신을 사랑하는 사람을 위해
모든 것이 합력하여 선한 결과를 낳게 하시는 주님,
우리 마음에 지치지 않는
용기와 힘과 사랑을 주소서.
당신을 갈망하는 거룩한 마음으로
우리 영혼을 채우소서.
그 어떤 시험과 걸림돌과 유혹에도 흔들리지 않고,
참된 평화를 찾을 수 있는 그곳에 가게 하소서.

· · ·

· 그리스도께서 우리에게 보여주신 그 모습에 감사드립시다.

95
성찬 중에 드리는 기도

· 성찬을 통해 주님께 감사드립시다.

그리스도시여, 이 심오한 신비를 통해
우리가 영원히 당신의 고난을 기억하게 하셨습니다.
간구하오니 우리가 주님의 몸과 피의
거룩한 신비를 흠모하게 하시고,
살면서 언제나 구원의 열매를 맛보게 하소서.
성부와 성령과 함께 영원히 살아계시며
다스리시는 그리스도,
한 분이신 아버지, 영원한 영광을 받으소서. 아멘.

· · ·

주님, 우리의 영혼과 함께하소서.
당신께서 제자의 발을 씻으셨듯이
우리가 겸손히 이웃을 섬기게 하소서.
당신께서 더러운 겉모습을 씻으셨듯이
은총으로 우리의 더러운 죄를 씻으소서.
성부와 성령과 함께 영원히 살아계시며
다스리시는 그리스도,
한 분이신 아버지, 영원한 영광을 받으소서. 아멘.

96
성찬을 마치고 드리는 기도

• 주님께 빛을 밝혀달라고 기도합시다.
  주님께 우리에게 필요한 변화를 이뤄달라고 간구합시다.

97
성육신을 기리며 드리는 기도

• 우리 같이 베들레헴으로 갑시다.

주님, 그리스도의 탄생을 우리도 경험하게 하소서.
당신의 영이 우리의 영혼과 능력과 힘을 소유하게 하소서.
당신의 영과 우리가 영원히 하나 되게 하소서.
잠시가 아닌 언제나, 평화 가운데,
마치 영이 몸 안에서 쉼을 청하듯.
이제 베들레헴으로 나아가 아기 예수께
우리를 영원한 그리스도의 처소로 삼아달라고
고백하게 하소서.

- 루이스 드 레온

• • •

주 그리스도 예수여!
당신께서 이 땅에 오셨을 때,

베들레헴 여관에는 방이 없었습니다.
아버지의 자녀인 우리가
당신을 외면치 않게 하시고
언제나 당신을 위한 처소를 준비하게 하소서.
오 주여, 그리스도여, 오소서!

98
우주의 목수이신 그리스도를 찬미하며

- 이 세상을 깨끗하게 하시고 힘을 주시는 그리스도의 일에 우리가 쓰임 받
  을 수 있도록 간구합시다.

우주의 목수이신 주 그리스도여,
마지막까지 나무와 못으로 구원을 이루셨습니다.
당신의 도구로 우리 영혼을 매만져 주소서.
우리 모습은 거칠고 흉측하나
당신 손이 닿으면 아름답게 변할 것입니다.

99
성령의 역사를 간구하며

- 성령께서 우리에게 들어오셔서 우리가 예수 그리스도의 형상을 닮게 되
  기를 간구합시다.

100
주의 형상을 닮게 하소서

영원하신 주님,
당신께서는 그리스도의 얼굴을 통해
형언할 수 없는 영광을
우리에게 보이셨습니다.
우리는 그 영광을 반사하는 거울이니
성령의 도움으로
주의 형상을 닮게 하소서.
주의 거룩한 사도들,
성인들과 교제하는 가운데
영광에서 영광까지 닮게 하소서.
당신을 직접 보며
당신의 발 앞에서 당신을 섬기게 하소서.
그리스도께서는 성령의 일치 안에서
영원히 살아계시며 우리를 다스리십니다. 아멘.

- 에드워드 키블 탈보트

101

우리 마음을 채워 주소서

- 바다보다 깊은 주님의 평화가 우리 마음을 채워달라고 간구합시다.
  거칠고 사나운 삶의 파도에도 주님의 평화가 우리를 돕고 우리 마음속 깊은 곳을 떠나지 않게 해달라고 기도합시다.

전능하시고 영원하신 주님,

하늘에서 천사들이 당신의 뜻을 받들고자 나아갑니다.

거룩한 당신을 섬기도록 순종하는 마음을 주소서.

우리가 살아갈 동안 당신의 강한 손으로 우리를 덮으소서.

그리스도 주 예수를 통하여 생명의 면류관을 받게 하소서.*

102

평화의 왕이신 그리스도를 찬미하며

- 주님의 인도와 보호가 주님을 생각하는 순간마다.
  기도하는 시간마다 우리의 모든 삶에 함께하기를 간구합시다.

영원하신 주님,

당신의 온전한 나라에는 무기가 없지만

이 세상에서는 당신의 정의가 검이 되어 우리를 지킵니다.

---

* 언더힐은 이 기도문 아래 'No. 132'라고 메모를 해놓았다.
  132번 기도문 참조

당신의 온전한 나라에는 감시가 없지만
이 세상에서는 당신의 사랑이 능력이 되어
우리를 보호합니다.
담대하게 당신께 간구합니다.
당신의 영을 활짝 펴소서.
평화의 왕이신 그리스도 아래 모든 사람과 나라가
모든 이의 아버지이신 당신의 자녀가 되게 하소서.
나라와 영광이 영원히 당신의 것입니다. 아멘.

103
마치는 기도[*]

· 보다 친밀한 주님의 교제를 간구합시다.
  깊은 주님의 은총 안에서 우리 자신을 잊어버립시다.
  주님께 우리의 전부를 드리고
  주님의 뜻대로 우리를 빚어달라고 기도합시다.
  주님께 우리가 지금 무엇을 알아야 하는지 알려달라고 기도합시다.

· · ·

---

[*] 이 짧은 글들은 언더힐이 기도 모임을 인도하는 가운데 참여하는
  이들에게 개인기도 시간을 장려하는 글들로 보인다. 독자들도 이
  글을 읽고 개인 기도에 활용하기를 바란다.

기도를 마치며

주님, 우리가 살면서
쉬거나 안주하지 않도록 우리를 인도하소서.
아침을 기다리는 파수꾼처럼
언제나 당신을 찾고, 당신을 기대하고,
당신을 사랑하게 하소서.
우리의 등불에 기름을 채워 주시고,
우리의 재능을 사용하시며,
우리의 사랑을 한껏 나누게 하소서.
언제나 우리 너머 당신의 나라, 당신의 성스러운 산,
성령이 하얀 눈처럼 내리는 들판을 바라보게 하소서.
주님, 우리 삶이 언제나 당신의 나라를 향하게 하소서.
그곳으로 나아가는 우리 여정을
이 세상에 밝히 드러내소서.
지금은 부분적이지만
언제나 당신 나라의 승리에 참여하게 하소서.
천사와 성인들과 함께 기뻐하게 하소서.
당신의 크고 놀라운 사랑이 넘치는
바다로 들어가 당신과 하나 되게 하소서.
주님, 당신을 사랑하는 삶으로 우리 영혼을 덧입히소서.
성인들의 거룩한 삶을 보여주신 주님께 감사드립니다.

그들의 삶을 통하여 당신의 사랑과 위엄이
우리에게 알려졌습니다.
그들의 사랑은 우리 영혼에 불을 지폈고,
그들은 당신의 양 떼인 우리를 양육했습니다.
그들에게 주셨던 성령이 우리에게도 깃들게 하소서.
주 예수 그리스도의 이름으로 기도합니다. 아멘.

104
당신의 정의를 이루게 하소서

주님, 순식간에 잊히는 평범한 일들도
당신의 질서 아래 있습니다.
우리와 함께 해 주셔서 반복되는 일상과 단조로운 일들도
빛을 발하게 하소서.
당신의 종인 우리의 소망은 당신께 있습니다.
우리 주 예수 그리스도를 통하여
가장 작은 일부터 커다란 일까지
당신의 정의를 이루는 마음으로 살게 하소서.

· · ·

사랑의 아버지, 당신의 빛은
가장 어두운 밤에 가장 밝게 빛납니다.

가장 사랑스러운 빛으로 세상을 비춥니다.
칠흑 같은 밤에도 그리스도의 얼굴은 세상을 밝힙니다.
배반당하신 그날 밤, 그리스도께서는
최악으로 자신의 주인을 대접한 세상에
최고의 선물을 주셨습니다.
우리 앞에 펼쳐진 순전한 저 빛을 따르게 하소서.
우리도 그리스도의 아름다운 형상을 따라
거듭나게 하소서.
성부와 성령과 함께 영원히 살아계시며
다스리시는 그리스도,
한 분이신 아버지, 영원한 영광을 받으소서.

· · ·

주의 말씀을 전하는 이들을 위한 기도

영혼의 항해사시여,
당신의 첫 번째 숙소는 마구간이었고
당신의 첫 번째 여행은 죽음을 피한 망명이었으며
유대 땅을 두루 다니실 때도
머리 둘 곳을 쉽게 찾지 못하셨습니다.
하지만 당신께서는 당신의 말씀을 전하는 모든 이에게
확실한 인도자시오, 변함없는 쉼터임을 믿습니다.

주의 말씀을 전하는 이들에게
신비로운 당신의 성품을 입히소서.
그 누가 가르치지 않아도 모두가 아는
연민의 언어를 그들에게 주시고
비록 이방인일지라도, 그들이 가는 곳마다
한 명의 인간이자 사랑을 나누는
한 몸의 가족으로 환대받게 하소서.
주의 나라를 위하여 일하는 그들을 기억하소서.

· · ·

아씨시 프란치스코를 기억하며

주님, 당신께서는 어린아이와
마음이 가난한 이에게 당신의 모습을 보이십니다.
아씨시 프란치스코처럼 이 세상의 지혜를
어리석음으로 알고
언제나 예수 그리스도와
그리스도의 십자가를 향해 살아가게 하소서.
그리스도께서는 성부와 성령과 함께
영원히 살아계시며 우리를 다스리십니다.

전능하신 주님,

당신께서는 프란치스코의 마음을

교회와 영혼을 향한 불같은 사랑으로 활활 태우셨습니다.

이제 주의 종인 우리도 겸손과 사랑 안에서

영원히 기뻐하면서

행복하고 아름다운 성인의 삶을 따라

당신을 섬기게 하소서.

105
축성하며 드리는 기도

• 순전한 사랑의 선물을 간구합시다.
  주님의 뜻이 우리 안에서 우리를 통하여 이루어지도록 기도합시다.

순전하시며 거룩하신 주님,

당신께서는 천사들이 그리스도께서 묻힌

무덤을 지키게 하셨습니다.

이제 저를 깨끗하게 하소서.

제게 경외로 가득 찬 사랑과 거룩한 두려움을 가르치셔서

이 구별된 잔과 접시로

그리스도의 몸과 피를 받들게 하소서.

당신의 뜻이 우리 안에서,

우리를 통하여 이루어지게 하소서.

106
새롭게 하소서

주님, 당신의 자비는 다함이 없고
아침마다 새롭고 새롭습니다. (애가 3:22~23)
당신을 믿고 바라는 사람은 새 힘을 얻습니다.
독수리처럼 날개 쳐 솟아오르며
뛰어도 고단하지 않고 걸어도 지치지 않습니다. (이사 40:31)
그러므로 기도합니다.
우리를 새롭게 하소서.
우리 안의 영혼을 새롭게 하소서.
우리의 관계들을 새롭게 하소서.
우리의 노동과 가능성과 재능과 힘을 새롭게 하소서.
우리의 기도를 새롭게 하소서.
우리에게 새로운 노래와 새로운 이름을 가르쳐 주소서.
정의와 거룩한 모습으로 만드신
새로운 인간을 입게 하소서.
그리스도 안에 있는 사람은 새 사람이며 (2고린 5:17)
낡은 것은 사라지고 새로운 것이 되었으니
이 모든 것을 보게 하소서.
우리의 입에서 새로운 노래가 나오게 하소서. (시편 40:3)
언제나 당신을 찬미하게 하소서.

107

올바른 판단을 구하는 기도

- 주님께 우리의 마음을 밝히시고 올바른 판단과
  사려 깊은 마음을 달라고 간구합시다.

108

성찬을 나누며 드리는 기도

- 주님께 우리 개인의 삶을 깨끗하게 해달라고 간구합시다.

그리스도여, 파수꾼이 아침을 기다리듯
우리도 당신을 갈망합니다. (시편 130:6)
진리의 해가 돋는 이 순간 우리에게 오소서.
빵을 떼는 우리 가운데 당신의 모습을 보이소서.
성부와 성령과 함께 영원히 살아계시며
다스리시는 그리스도,
한 분이신 아버지, 영원한 영광을 받으소서.

주님, 주님의 군사인 우리가 빵을 받아
당신의 평화를 누리게 하소서.
당신의 사랑으로 우리 눈이 빵을 바라볼 때
당신께서 주신 생명의 열매로 보게 하소서.
당신을 찬미하는 우리 입술이 진리를 말하게 하소서.

지금 성소에 서 있는 우리의 발이

빛나는 당신의 나라를 거닐게 하시며

지금 빵으로 양식을 삼는 우리의 몸이

새로운 삶으로 회복되어

영원히 당신 안에 머무르게 하소서.

성부와 성령과 함께 영원히 살아계시며

다스리시는 그리스도,

한 분이신 아버지, 영원한 영광을 받으소서.

- 시리아 말라바르 전례서

109
예수여

예수여, 마음에 저를 담으소서.

예수여, 눈을 들어 저를 보소서.

예수여, 손을 얹어 저를 축복하소서.

예수여, 팔을 벌려 저를 안아주소서.

예수여, 당신의 발자국으로 저를 인도하소서.

예수여, 당신의 몸으로 저를 먹이소서.

예수여, 당신의 피로 제게 힘을 주소서.

110
그리스도여

그리스도의 영이여, 저를 깨끗하게 하소서.
그리스도의 몸이여, 저를 구하소서.
그리스도의 피여, 저의 죄를 용서해주소서.
그리스도의 몸에서 나온 물이여, 저를 씻으소서.
그리스도의 고난이여, 저의 힘이 되소서.

선한 예수여,
제 목소리를 들어주소서.
그리스도의 상흔 안에 저를 숨기소서.
그리스도로부터 제가 떠나지 않게 하소서.
저를 대적하는 사람으로부터
저를 지켜주소서.
제가 숨을 거두는 그날,
저를 부르소서.
그리하여 성인들과 함께
영원히 당신을 찬미하게 하소서.
아멘.

111
구원자이신 주님께 드리는 기도

주님, 당신의 종들을 불안과 고난에서 해방시켜 주소서.
당신으로부터 솟아나는 평안과 능력을 주소서.
우리를 모든 어려움과 슬픔에서,
두려움과 불신에서 지켜주소서.
그 어떤 삶의 모진 풍파와 위기에서도
당신의 힘으로, 당신의 반석 같은
신실하심 위에 서게 하소서.
당신을 의지하게 하소서.

. . .

전능하신 주님, 당신께서는
그리스도의 삶과 가르침을 통해
우리에게 참되고 복된 길을 보여주셨습니다.
그의 고난과 죽음을 통해 당신의 사랑은
우리를 십자가로 이끄셨습니다.
또한 믿음에 대한 보상은
가시 면류관과 같은 고난일지도 모른다는 것을
알려주셨습니다.
우리에게 은총을 주사 이 어려운 교훈을

받아들이게 하소서.

우리가 십자가를 지고 끝까지 인내하는 힘과

요동치 않는 믿음을 가지고

그리스도를 따르게 하소서.

그리스도의 슬픔 안에서 당신과 친교를 나누게 하소서.

그 만남을 통해, 그 만남 안에서

그리스도의 능력과 평화의 신비를 알게 하소서.

가장 어둡고 절망적인 시간에도

그리스도 안에서 영원히 반짝이는 빛을 보게 하소서.

112
오소서 성령이여

오소서 성령이여, 천국의 불로

우리의 영혼을 깨우시며 밝히소서.

기름을 부으시는 거룩한 영이여,

당신의 선물을 아낌없이 내리소서.

하늘로부터 내려오는 성령이여,

위로와 생명과 사랑의 불을 주소서.

꺼지지 않는 거룩한 빛으로

우리의 닫힌 눈과 마음을 여소서.

한없는 당신의 자비와 은총으로

흠 많은 우리 위에 기름을 부으소서.

원수를 쫓으시고 평화를 주소서.

우리를 이끄셔서 흔들리지 않게 하소서.

성부와 성자와 성령을 알려주소서.

삼위일체이신 당신을 알게 하소서.

오랜 세월이 지나고 모든 것의 빛이 바랠지라도

영원히 성부와 성자와 성령을 찬미하게 하소서.

그리스도여, 당신의 넘치는 인자함으로

제 마음에 들어오소서.

당신의 뜻을 거스르는 제 안의 모든 것을 파하소서.

당신의 영광을 위해 당신 뜻대로 명하소서.

당신이 아닌 모든 것으로부터 저를 떼어내시며

당신과 온전하게 연합하게 하소서.

저의 모든 행위가 거룩한 길을 걷도록 인도하소서.

어떠한 희생이 필요해도

당신의 계획대로 저의 삶을 펼치소서.

당신의 사랑, 그 좁은 길로 저를 이끄소서.

- 요한 에우데스

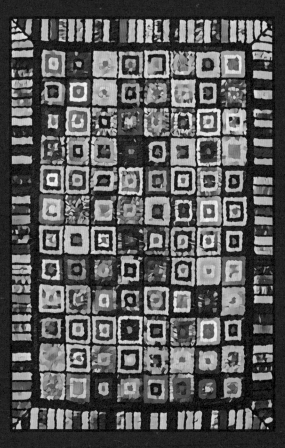

낡은 것은 사라지고 새로운 것이 되었으니
이 모든 것을 보게 하소서.
우리의 입에서 새로운 노래가 나오게 하소서.

113
주님께 나아갑니다

• 우리의 기도 시간과 일하는 시간, 우리의 모든 삶에 성령께서 함께해달라고 간구합시다.
우리의 삶이 약한 사람에게 힘을, 괴로운 사람에게 평안을, 우리 어둠에 빛을, 우리 차가워진 마음에 불을 주는 성령의 통로로 쓰임 받을 수 있도록 기도합시다.

우리가 당신의 길을 따라 걸으며
저 멀리 보이는 당신의 나라를 그리워할 때,
주님, 당신께서는 우리에게 찾아오십니다.
우리는 당신의 빛을 따라 정의로운 길을 걸으며
이 세상의 어두운 밤길에 우리 몸을 맡기지 않습니다.
길이요 진리며 빛이신 주님께서 우리의 길을 비추십니다.
어디든지, 언제든지, 어떻게든지,
당신의 영광이 가장 환하게 빛나는 그곳에
우리가 있게 하소서.
당신의 달콤한 자비와 사랑을 우리에게 감추지 마시고
언제나 한결같이 당신을 신뢰하도록 가르쳐 주소서.
주님, 당신의 사랑과 자비로 당신께 나아갑니다.

- 요안나 프란치스카 드 샹탈

114
당신을 찬미합니다

거룩하신 아버지, 당신께서 주신 모든 것으로
당신을 찬미합니다.
땅의 소산과 하늘의 영화와 바다의 신비로
당신을 찬미합니다.
매일 우리에게 당신의 복을 전하는 해와
은은한 자태를 뽐내는 달과 별을 보며 주를 찬미합니다.
즐거이 노래 부르는 새와 아름다운 향기를
내뿜는 꽃을 보며 당신을 찬미합니다.
우리에게 건강과 능력을 주신 당신을 찬미합니다.
가족과 친구와 이곳에 모여 주님을 기억하는 이들과 함께
당신을 찬미합니다.
기도와 성찬을 통해 이곳에 함께 하시는 주님,
당신을 찬미합니다.
주님, 언제나 우리와 함께하소서.
앞으로도 당신의 사랑과 자비를 우리에게 드러내소서.
마지막 날 당신의 나라에서
우리 모두를 하나로 모이게 하소서.
예수 그리스도의 이름으로 기도합니다. 아멘.

• 주님의 뜻대로 우리를 취하시고 사용해달라고 간구합시다.

순전하시며 거룩하신 주님,
당신께서는 천사들이 그리스도께서 묻힌
무덤을 지키게 하셨습니다.
이제 저를 깨끗하게 하소서.
제게 경외로 가득 찬 사랑과
거룩한 두려움을 가르치셔서
이 구별된 잔과 접시로
그리스도의 몸과 피를 받들게 하소서.
당신의 뜻이 우리 안에서,
우리를 통하여 이루어지게 하소서.

115
열매를 간구하는 기도

참 포도나무이신 주 예수여,
당신은 당신께 접붙인 우리에게
많은 열매를 약속하셨습니다.
이제 우리가 항상 주님께 잇대어
당신의 약속을 이루게 하소서.
우리가 당신 안에서 당신의 은총으로

이 세상에서 생명이 잃어가는 것들을
영원한 생명이신 당신의 몸으로
접붙일 수 있도록 도와주소서.
우리를 정하시고 지으신 주님,
우리를 가르치시고 견책하시는 주님,
우리를 구하시고 복을 주시는 주님,
지금부터 우리의 모든 노력이
열매를 맺게 하소서.
비록 우리는 한결같지 않을지라도
언제나 당신의 신실함으로 도우소서.
감사와 찬미와 신앙과 흠모를
영원히 당신께 돌립니다.
아멘.

· · ·

주님, 당신은 제가 할 일을 아십니다.
주님, 그 일을 보여주소서.
당신은 제가 채워야 할 공간을 아십니다.
제게 평안을 주셔서
당신의 영광으로 그곳을 채우소서.
예수 그리스도의 이름을 위하여
그곳을 당신의 성전으로 삼으소서.

116

하루를 되새기며 드리는 기도

만물을 감싸시고 만물 안에 계시는 아버지시여,
당신의 영으로 이 거룩한 장소에 우리와 함께하소서.
당신의 선물을 우리에게 더하소서.
오직 주님에게서 나오는
사랑과 기쁨과 평화를 주소서.
모욕과 질고와 가시 면류관으로 깃발을 삼으신
왕 중의 왕이시여,
우리와 모든 성도에게
당신의 고난을 알게 하소서.
그리하여 우리가 당신의 영광에 참여하게 하소서.
유일한 지혜와 생명의 샘이신
거룩한 주 성령이여,
새로운 영광과 능력을 덧입고
우리와 교회 위로 내려오소서.
우리 주 예수 그리스도를 통하여
이 세상에 새로운 생명과 정의를 불러오소서.
진리와 사랑의 위엄을 선포하소서.

- 영국 성공회 기도서(1928)

117
밤기도

주님, 이 지난한 삶을 사는 동안 우리를 도우소서.
그림자가 드리우고 저녁이 찾아와
바쁘던 세상은 고요해지고 삶의 열기가 식으면
우리의 임무는 끝날 것입니다.
그때 당신의 자비로 안전한 처소와
거룩한 안식과 평안을 허락하소서.
예수 그리스도의 이름으로 기도합니다.

- 영국 성공회 기도서(1928)

118
잠들기 전에 드리는 기도

전능하신 성부여,
자비로운 당신은 어둠의 휘장을 대지 위로 덮으셔서
피곤한 모두에게 안식을 주십니다.
그리스도의 고귀한 희생을 더럽힌 우리를 용서하시고
우리와 주께 기도하는 모두에게
오늘 밤 깊은 쉼을 허락하소서.

기도하오니 오늘 밤 당신의 은총이
슬픈 사람과 아픈 사람과 고통받는 사람과
두려워하는 사람과 위험에 빠진 사람과
잠 못 이루는 사람과 전쟁 가운데 있는 사람과
핍박당하는 사람과 사랑하는 이들에게서 멀리
떨어진 사람을 위로하고 격려하소서.
우리 자신과 우리에게 소중한 사람과
기도가 필요한 사람과 주님을 갈망하는 사람 모두를
당신의 손에 맡깁니다.

사랑하는 주님,
오늘 밤잠을 설치는 사람과
밤이 지나도록 깨어있는 사람과
밤이 다 가도록 울며 흐느끼는 사람을 살피소서.
당신의 천사들을 애통하는 사람에게 보내소서.
주 그리스도여,
아파하는 당신의 양을 돌보소서.
피곤해하는 당신의 종을 쉬게 하소서.
즐거워하는 당신의 자녀를 지키소서.
시험에 빠진 당신의 제자를 깨우소서.
죽음을 앞둔 당신의 벗을 맞아주소서.
사랑과 자비로 우리 모두를 기억하소서. 아멘.

119
주님의 수난을 기억하며

잡히시기 전날 밤, 기도로 근심과 번민을 이기신 예수여,
우리가 어떤 시험과 환난을 겪든지 기도하게 하소서.
당신의 뜻대로 우리 자신을 내어드리게 하소서.
당신의 은총으로 우리가 끝까지 인내하게 하소서.
성부와 성령과 함께 영원히 다스리시는 그리스도,
한 분이신 아버지, 영원한 영광을 받으소서.
주님, 당신께서 마셨던 진노의 잔을
우리가 과연 마실 수 있겠습니까?
우리는 알 수 없고, 감히 이에 대답할 수 없습니다.
우리는 다만 모든 것을 당신께 빚지고 있음을 압니다.
우리는 우리의 것이 아닙니다.
당신의 피로 우리는 구원을 얻었습니다.
우리가 당신께 구할 것이 있다면, 그것은
오직 당신의 십자가가 우리 눈앞에 나타나는 것입니다.
우리는 예전에 죄를 지었고 지금도 연약합니다.
그러나 주님, 우리는 당신 앞에 무릎을 꿇고
마음을 엽니다.
주님, 당신께서는
우리가 당신을 사랑한다는 것을 알고 계십니다.

120
하루를 마치며 드리는 기도*

만유의 창조자께 기도드립니다.

빛이 사라지기 전에 우리를 보호하소서.

밤의 무서운 꿈과 환영을 쫓아내시고

원수의 발걸음을 멈추소서.

우리 몸을 깨끗하게 하소서. 아멘.

주여, 우리와 함께하소서.

날이 저물었으니 낮과 같이 우리와 함께하소서.

언제나 우리와 함께하소서.

이곳에서 우리와 함께하시며

우리가 사랑하는 사람의 처소에 그들과 함께하소서.

적의 함정으로부터 우리 모두를 지키시며

당신의 거룩한 천사가 우리와 함께하면서

평화를 지키게 하소서.

영원한 당신의 복이 우리와 함께하기를 기도드립니다.

아멘.

---

*　언더힐의 공책에서 이 기도는 이탈리아어로 쓰여있다. 이 부분은
　이블린 언더힐의 친구인 마리아 디 캄펠로(1875~1961) 수녀가 쓴 것
　으로 보인다. 그녀는 북부 이탈리아 지방의 캄펠로술클리툰노에
　위치한 프란치스코 피정의 집에 살았다.

밤기도

달콤한 소망이신 성령이여, 고운 밤 되소서.
제 삶의 마지막 순간에 당신을 찾겠습니다.
예수께 밤 인사를 전해주시기를 바랍니다.
가족에게 복을 주시며
이곳에서 함께하는 이들에게 복을 주소서.
당신 뜻대로 하소서.

식사하기 전 드리는 기도

성부여, 가난한 자녀에게 주신 이 음식에
복을 내려주소서.
우리가 기쁨과 가난한 마음으로 음식을 먹고
당신을 섬기는 마음이 능력과 충성 안에서
연합하게 하소서.

- 소렐라 마리아 디 캄펠로

우리 마음에 지치지 않는 용기와 힘과 사랑을 주소서.
당신을 갈망하는 거룩한 마음으로 우리 영혼을 채우소서.

잠 못 이루는 이들을 위한 기도

충만한 은총을 베푸시는 아버지,
적의 위협에서 우리를 지키는 군인에게
당신의 자비로운 보호가 함께 하기를 기도합니다.
어둡고 외롭고 쓸쓸한 곳에서 우리의 안전을 위해
파수꾼이 된 경찰을 기억합니다.
밤이 깊었어도 자신의 노동으로
우리에게 필요한 모든 것을 제공하는
노동자를 기억합니다.
밤낮으로 사랑하는 사람의 소식을 애타게 기다리는
이웃을 기억합니다.
정의를 위해 싸우고 다치고 옥에 갇힌
우리의 이웃을 기억합니다.
그들은 우리를 위해 자신의 삶을 바쳤습니다.
주님, 당신과 당신께서 주시는 복이
지금부터 영원히 그들과 함께하기를 바랍니다.
예수 그리스도의 이름으로 기도합니다. 아멘.

· · ·

주님, 당신께서 당신의 종에게
당신의 놀라운 일을 맡기실 때
우리가 그 일을 하는 것이 중요한 것이 아니라
일을 마칠 때까지 늘 한결같은 마음과 노력이
참된 영광을 비춘다는 것을 깨닫게 하소서.

- 프랜시스 드레이크

122
진리를 불어 넣으소서

우주를 만드셨고 인간을 당신의 형상으로 빚으신
위대한 창조주여,
당신께서는 독생자를 통해 우리에게
성령의 능력을 부어주셨고
당신의 법을 순종하며 살도록 하셨습니다.
우리가 당신의 법을 행함으로
우리는 당신의 약속을 성취합니다.
자비로우신 주님, 혼란스러운 세상 가운데
우리를 굽어살피소서.
당신의 능력으로 가득한 성령이
영원한 아버지의 진리를 인류라는 가족을 이루는
우리에게 불어넣으소서.

우리가 당신의 그 높고 영화로운 부름에 대답하는
삶을 살게 하소서.
믿음과 소망과 사랑과 용기와 지혜와 봉사가 가득한
삶을 살게 하소서.
이 모든 것을 십자가에 죽기까지 아버지께 순종하신
아들의 이름으로 기도합니다. 아멘.

123
주님의 변치 않는 평화를 구하며

거룩하신 성령이여,
이 적적한 시절 동안 우리의 생각과 마음이
당신을 향하게 하소서.
우리가 우리 자신의 모습을 알며 당신께서
우리에게 바라시는 모습을 알게 하소서.
비오니, 예수 그리스도를 통하여 아버지의 모습을
우리에게 보이소서.
우리가 당신께 더욱 헌신하며 더욱 신실히
당신을 섬기게 하소서.
언제나 당신을 기쁘게 하는 일을 좇으며
우리 주 예수 그리스도의 이름을 드높이게 하소서.
우리 주 예수 그리스도여,

당신은 변치 않으시며 갑자기 드리우는
먹구름 같은 변덕도 없으십니다.
당신의 고요는 우리를 휘감으며 우리 안에 있습니다.
당신께서 우리와 함께하실 때 우리는 즐겁게 안식하며
새로운 힘을 얻습니다.
신비한 평화로 우리를 덮으소서.
평화는 당신의 변치 않는 뜻입니다.
우리의 불만을 누그러뜨리시며
우리의 피로를 가라앉게 하소서.
우리의 마음에 '잠잠하라' 명하소서.
완벽한 평화의 성령이여,
우리 밖에서 우리를 품으시고
우리 안에서 우리를 품으소서.
그리하여 우리 내면의 평화가 밖으로 나타나게 하소서.
변화와 불안과 방해와 부담과 실망과
실패와 고통의 한 가운데서도
당신의 마음 안에 우리를 두시고
당신의 사랑으로 우리를 뒤덮어 주소서.
그것이 우리의 자랑이요 평화입니다.
고요한 가운데 우리 눈 앞에 펼쳐진
당신의 부름을 따르게 하소서.
사랑하는 주님, 당신 뜻대로 하소서. 아멘.

124
기도 모임에 들어가며

영원하신 전능의 주님,
이곳에 당신을 찾으러 온 당신의 자녀를
불쌍히 여기소서.
모임의 인도자에게 복을 더하소서.
인도자를 통해 우리에게 힘과 영감을 주시며,
우리에게 말씀하소서.
인도자를 통해 피정에 참여한 모든 이에게 복을 주시며
이 기도의 공동체로 모인 이들에게 은사를 더하소서.
당신의 뜻을 헤아리게 하소서.
이 모임을 위해 기도하는 사람과
이 모임을 위해 일하는 사람을 기억하시고 복을 주소서.
그들의 수고가 오직 당신의 영광을 빛내게 하소서.

. . .

주님, 비오니 당신의 자녀를 언제나
당신의 보호 아래 두시며
당신의 비교할 수 없는 은총에 따라 우리를 인도하소서.
우리를 영원한 구원의 사랑 안에 두소서.
당신께서 기뻐하시는 일을 우리가 갈망하게 하시고

정성과 힘을 다해 그 일을 수행하도록 하소서.
주님, 우리는 오직 당신의 사랑에 의지하오니
당신께서 우리를 항상 하늘의 도움으로 도우소서.
우리가 열심을 다해 당신을 영원히 섬기며
그 어떤 시험도 우리를 갈라놓지 않게 하소서.

잃어버린 양을 찾아 생명을 주려고 오신 목자 예수여,
비오니, 당신의 한없는 사랑의 영을
이곳에 모인 종들에게 부으소서.
당신의 평화를 통하여
우리가 언제나 새로운 마음으로
당신께 헌신할 수 있게 하소서.
성부와 성령과 함께 영원히 살아계시며
다스리시는 그리스도,
한 분이신 아버지, 영원한 영광을 받으소서.

주 예수여, 우리 안에 거하소서.
우리 눈에는 소망의 빛이 빛나고
우리 입에는 영감이 불처럼 타오르고
우리 혀에는 언제나 말씀이 떠나지 않으며
우리 마음에는 당신의 사랑이 머물게 하소서.
주님, 우리에게 지혜와 공감과

자기 부인과 기쁨을 주소서.
성부와 성령과 함께 영원히 살아계시며
다스리시는 그리스도,
한 분이신 아버지, 영원한 영광을 받으소서. 아멘.

· · ·

전능하신 아버지,
당신께 이 기도의 집을 위하여 겸손히 빕니다.
이곳이 당신을 기쁘게 하고,
이곳을 찾는 이들에게 복을 주시며
그들을 거룩하게 하시며 당신의 선함으로
그들의 삶을 가득 채우소서.
당신의 아들 우리 주 예수 그리스도의 능력으로
당신 뜻에 반하는 모든 것이 이곳을 떠나게 하소서.
이곳에 모여 당신을 찬미하고 흠모하는 사람과
이곳에서 당신의 친구들을 섬기는 사람 모두에게
당신의 평화와 기쁨을 주소서.
왕이신 주여,
언제나 우리를 지키시고 보호하소서.
전능하신 주님,
주님 홀로 살아계시며
영원무궁토록 다스리십니다. 아멘.

125

기도 모임 중에 드리는 기도

제자들에게 "내게 와서 쉬어라"라고 말씀하셨던
주 예수 그리스도여,
이제 영혼이 갈급한 당신의 종들이 모였으니
당신을 찾게 하소서.
우리가 당신을 발견하고 당신 안에서, 당신을 통해
우리를 찾게 하소서.
위대한 사랑과 지혜가 당신의 이름 안에서 나오는
모든 말과 동행하게 하소서.
그 말이 땅에 떨어져 날아가 버리지 않고,
당신을 전심으로 섬기는 데 도움이 되게 하소서.
그리스도께서는 지금 살아계시며 영원히 다스리십니다.
아멘.

• • •

전능하신 주님, 당신의 아들은
이른 아침 외진 곳으로 나아가
당신과 교제하였습니다. 비오니, 이곳에 온 우리가
그리스도의 본을 따라 몸과 영혼이 새롭게 되고
침묵과 고독 안에서 당신을 섬길 힘을 얻게 하소서.

무엇보다 당신을 바라고 사모하고 갈망하게 하시고
우리가 당신을 찾고 당신께서 우리를 찾게 하소서.
인류의 주님, 당신을 보는 것은 사랑하는 것이요,
당신을 아는 것은 영생입니다.
당신의 생명 안에서 만물은 제자리를 찾습니다.
당신을 가까이하고자 이 장소를 찾은
종들의 곁으로 오소서.
당신의 자비로운 성령의 파도가 그들에게 미치게 하소서.
그들이 한마음과 한뜻으로 당신의 계명을 지키고
당신을 섬기게 하소서.
그들이 이곳을 떠날 때, 여기서 보고 깨달은 것들이
사라지지 않게 하소서.
이곳에서 갱신한 그들의 충성과 헌신이
흐려지지 않게 하소서.
그들과 언제나 함께하셔서 그들이 날마다
당신의 형상으로 자라나게 하소서.
모든 사랑의 아버지이신 전능하신 주님,
당신께서는 모든 위로의 아버지시니
애통하는 당신의 자녀를 불쌍히 여기소서.
예수 그리스도를 통하여 주시는
사랑과 위로를 알게 하소서.
그들이 당신 앞에 모든 근심을 내려놓게 하소서. 아멘.

. . .

언제나 모든 곳에 계신 주님,

당신의 자비로 이곳에 우리와 함께하지 못한

친구와 가족을 살피소서.

거룩한 천사들을 보내셔서 그들을 지키시며

그들의 몸과 생각과 정신이 당신의 보호와 기쁨 안에서

영광스러운 당신 앞에

흠 없는 제사로 드려지게 하소서. (유다 1:24)

만물을 감싸시고 만물 안에 계시는 주 성령이여,

이 거룩한 장소에서 우리와 함께하소서.

당신의 선물을 우리에게 주소서.

오직 주님에게서 나오는 사랑과 기쁨과 평화를 주소서.

126

함께 있지 않은 이들을 위한 기도

전능하신 아버지,

우리가 사랑하는 모든 사람을 당신께 맡깁니다.

당신의 손이 그들을 덮고,

우리 주 예수 그리스도의 위대한 사랑이

그들의 삶을 깨끗하게 하고

당신을 향한 열정으로 불타오르게 하소서.
성령으로 그들과 함께하시고
당신의 말씀을 알고 순종하게 함으로써
그들을 이끌어주소서.
영생으로 그들을 이끄소서.
십자가에서 죽고 부활하신 그리스도를 통해
모든 이를 불쌍히 여기소서.
성부와 성령과 함께 영원히 살아계시며 다스리시는
그리스도,
한 분이신 아버지, 영원한 영광을 받으소서. 아멘.*

· · ·

주님, 우리는 다른 사람을 위해 이곳에 나아와
당신께 청원합니다.
비오니, 우리에게 기도를 부탁한 이들을 기억하소서.
우리는 자신에게 필요한 것을 구하기에도 부족하나
당신께서 우리에게 기도하는 법을 가르쳐 주셨기에
당신을 기억하면서 그들을 마음에 품고
당신께 나아갑니다.
우리의 주인이신 그리스도는

---

* 숫자 102가 쓰여있다. 두 번째 기도서의 102번 기도를 가리키는 듯
하다.

언제나 우리를 위해 기도하시며
무엇이든지 당신의 이름으로 간구하라 가르치셨습니다.
그리스도의 이름과 그리스도의 간구를 통하여
주님, 우리의 기도를 들으시며
그들의 이야기에 귀를 기울이소서.
침묵 가운데 이 모든 기도를 당신께 드리나이다.
그들을 대신하여 우리 자신을 주 앞에 내려놓았으니
주께서 기도로 산 제사가 된 우리를 맞아주소서.
주님, 우리 기도를 들으시고
우리 기도가 마음에 드신다면 응답하소서.

· · ·

주님, 각지에서 기도로 우리를 응원하고
함께하는 이들에게 복을 내려주소서.
그들이 어려움을 겪을 때 당신의 능력으로 함께 하소서.
그들의 어둠 속에서 빛으로 함께 하시고
평화와 기쁨이 넘치는 당신의 영을 그들에게 부어주소서.

전능하시고 영원하신 주님,
모든 하늘도 당신을 담을 수 없으니
하물며 인간의 손으로 만든 집은 어떻겠습니까?
그러나 두세 사람이라도 당신 이름으로 모여

기도하는 곳에 그들과 함께하겠다고
당신께서는 예수 그리스도를 통하여 약속하셨습니다.
비오니, 우리의 본분인 기도의 책임과 봉사를 받으소서.
오직 거룩함이 영원한 당신의 처소이니
당신의 자비로 이곳에 함께 하셔서
이곳을 거룩하게 하시며 영화롭게 하소서.
밤낮으로 당신의 눈이 이곳을 향하게 하소서.
언제나 이곳에서 나오는 자녀들의 기도에
귀를 기울이소서.
언제나 당신께서 이곳을 기뻐하시기를 간구합니다.
언제나 이곳에 머무소서.

주님, 당신의 제대 앞에는
거리와 시간의 크고 작음이 없고
오직 영원히 우리와 함께하는 당신만이 있습니다.
비오니, 당신의 자비로운 보호의 손길로
당신께서 사랑으로 하나 되게 하신
모든 성도를 지키소서.
우리가 그들을 위해 기도하듯이
그들 또한 우리를 위해 기도하게 하소서.
그리스도 예수를 통하여 우리와 모든 성도를
성스럽고 행복한 교제 안에서 하나 되게 하소서. 아멘.

127

기도 공간을 위한 기도

- 주님께 우리와 함께해달라고 간구합시다.
  주님께 그리스도의 영을 우리 안에서 보게 해달라고 기도합시다.
  우리를 통해 다른 사람들이 주님의 곁으로 다가갈 수 있도록, 평화 안에서 주님과 동행할 수 있도록 간구합시다.

인류에게 가정이라는 집을 주신 아버지여,

비오니, 기도의 집을 찾아오소서.

당신의 거룩한 천사가 머물게 해 이곳을 평화로 채우소서.

이곳을 열고 만드는 데 수고한 모든 이에게 복을 주소서.

이곳을 위해 기도한 사람에게 복을 주소서.

이곳에서 당신을 찾으러 온 모두에게 복을 주시며

주의 인자하심으로 이곳에 주신 당신의 복이

끊이지 않게 하소서.

주님, 우리 가운데 거하소서.

당신의 사랑으로 비오니, 당신을 찾는 사람이

이곳에서 당신을 만나게 하소서.

그들의 영혼이 새롭게 되며 힘을 얻게 하소서.

그들의 몸과 생각을 새롭게 하시며 힘을 더하소서.

이곳에서 당신을 섬기는 우리를 위해 기도합니다.

비오니, 우리에게 은총과 지혜를 주셔서

이곳을 찾은 이들이 우리의 말과 행동으로

당신에게서 멀어지지 않게 하소서.

모든 생각을 뛰어넘는 당신의 평화로 그들을 붙드소서.

우리가 그들을 섬김으로 당신을 섬기게 하소서.

우리가 철저히 우리 자신을 버리고

오롯이 우리의 모든 것을 당신께 드리게 하소서.

우리의 모든 것을 사용하여 주소서.

당신의 복이 이곳에 머물며,

이곳을 찾아온 사람과 이곳을 나가는 사람 모두에게

복을 주소서.

예수 그리스도의 이름으로 기도합니다.

128
하나 된 마음으로 드리는 기도

주님, 우리가 비오니

당신을 가까이함으로써 얻는 내면의 행복과 부귀,

그리고 평화를 주소서.

매일 우리 안에서 기쁨을 새롭게 하소서.

흔들리지 않는 용기를 가지고

삶의 질고와 어려움을 마주하게 하소서.

용감하고 고결한 행복을 항상 품고

모든 것을 주시는 당신께 감사를 돌리게 하소서.

무거운 짐을 진 사람을 곁으로 부르시는
우리 주 예수 그리스도여,
우리를 당신의 현존과 능력으로 새롭게 하소서.
우리 생각을 잠잠하게 하시며
우리 마음에 평안을 주소서.
끝을 알 수 없는 영원한 곳으로 우리를 인도하소서.
우리에게 당신의 생각을 밝혀 주소서.
우리가 당신의 빛 안에서
영롱한 빛을 받아 환하게 하소서. (시편 36:9)
택하신 우리가 당신의 종이 되는
영광을 누리게 하소서.
우리가 섬기는 사람에게
힘과 기쁨의 샘이 되게 하소서.

예배를 위한 기도

주 예수 그리스도여,
당신은 당신의 나라,
그 거룩한 도성의 아름다운 성전이시며
그 도성의 빛이시며
이루 말할 수 없는 영광이십니다.
비오니, 이 세상 성전에도 오셔서

영광과 빛을 더하소서.
우리가 매일 드리는 예배를 기쁘게 받으시며
기쁨으로 우리의 예배를 주관하소서.
감사하는 삶의 찬미와
신실한 마음의 기도를 받으소서.
그리스도는 성부와 성령과 함께 한 분으로
지금도 살아계시며 영원히 우리를 다스리십니다. 아멘.

· · ·

영광으로 온 땅과 하늘을 뒤덮으신 주님,
종들로 이곳에 당신의 처소를 짓게 하셨습니다.
비오니, 이곳에 온 당신의 자녀들이
언제나 당신을 발견하게 하소서.
이곳을 떠나는 자녀들이
당신과 함께 돌아가게 하소서.
그리고 적당한 시간이 지나면 다시 이곳에서
당신을 찾게 하소서.
당신 안에서 우리와 그들의 삶이 세워지게 하소서.
그리하여 우리 삶이 성령의 집이 되게 하소서.
그 집을 오직 당신에게서 나오는
능력과 아름다움으로 가득 채우소서.
예수 그리스도의 이름으로 기도합니다.

129

헌신을 다짐하며 드리는 기도

• 우리가 다시 한번 주님을 섬기는 데
  우리 자신을 바치고 주님을 섬길만한 능력을 달라고 간구합시다.
  주님을 섬기면서 변함없는 신실함과 흔들리지 않는 평화를 달라고
  기도합시다.
  주님을 섬기는 데 우리가 자신을 아끼지 않게 해달라고 간구합시다.

주님, 예수 그리스도의 이름으로 간구합니다.

우리 영혼을 눈보다 하얀 순수함으로 씻으소서.

즉시 우리에게 오소서.

우리에게 영혼의 질서를 가져올 만한

생명력과 힘을 주소서.

언제나 당신 뜻대로 행하며

우리가 하는 모든 일은 당신을 위한 것이란

사실을 기억하게 하소서.

가장 작고 보잘것없는 임무라도

당신의 빛을 받아 영화롭게 된다는 것을 알게 하소서.

모든 좋은 것을 우리에게 주시는 능력의 주님,

당신의 도움 없이 우리의 그 어떤 노력도 충분하지 않고

당신의 은총 없이 우리의 지혜는 어리석음이 됩니다.

비오니 성령이 우리를 떠나지 않게 하소서.

당신의 영광과 나라가 도래했음을 알리게 하소서.

예수 그리스도의 이름으로 우리에게

그러한 은총을 허락하소서.

비오니, 당신께서 우리 안에 시작하신 일들을 기억하시고

우리의 자격 없음을 탓하지 마소서.

당신께서 우리를 종으로 부르셨으니,

우리가 받은 부름에 합당한 삶을 살게 하소서.

예수 그리스도의 이름으로 간구합니다.

130
부활을 앞두고 드리는 기도

• 우리 자신을 주님께 드리고 주님의 뜻대로 우리를 새롭게 해달라고 간구합시다.

순전하시며 거룩하신 주님, 천사들이 그리스도께서 묻힌 무덤을 지키게 하셨습니다.

131
당신의 불을 지피는 기름으로 삼으소서

복된 주 예수 그리스도시여,

제자들의 결단을 더욱 굳세게 하시며

그들의 등불을 밝히시는 주님,

지금 이 시간 우리와 함께하소서.
우리는 여기서 다시 한번
우리 마음을 새롭게 하고자 합니다.
우리 앞에 펼쳐진 경주를 넘치는 활력과
새로운 관점으로 뛰게 하소서.
등불의 심지를 손질하는 법을 가르쳐주셔서
불이 꺼지지 않게 하소서.
오직 당신의 영이 인류를 밝히는 촛불임을
늘 되새기게 하소서.
비오니, 무덤에서 부활하신 능력으로
우리를 이곳에서 당신의 불을 지피는 기름으로 삼으소서.

132
우리를 당신의 도구로 삼아주소서

• 주님의 계획에 오롯이 우리의 삶을 내어드립시다.

주님, 우리의 작업과 노동에 복을 내려주소서.
우리 몸과 정신과 재능은 모두 당신의 것입니다.
기꺼이 이 모든 것을 당신께 드립니다.
주님, 우리의 수고에 복을 내려주셔서
이웃에게 그 수고가 당신을 알리는
기쁜 소식이 되게 하소서.

우리가 흘린 땀이 언제나 당신의 거룩한 이름과
십자가를 증언하게 하소서.
우리의 노동이 참된 지혜의 열매를 맺게 하소서.
우리가 언제나 진실을 찾도록 가르치소서.
우리가 언제나 진실을 얻도록 인도하소서.
우리가 언제나 사랑 안에 진리를 말하며 살아가게 하소서.

찬미하는 예수여,
당신께서는 성부가 예정하신 모든 섭리를 완성하셨으며
놀라운 고난의 신비 가운데 이 땅에서
겸손하고도 온전한 삶을 사셨습니다.
비오니, 이제 우리의 삶을 겸손한 순종과
신실한 봉사로 채우시고
당신을 따라가는 삶의 존엄과 귀함을 알게 하소서.
당신께서 맡기신 일을 끝까지 붙잡게 하소서.
이 세상의 경주가 끝날 때, 우리가 평생
벼리고 갈았던 불완전한 삶을 아버지께 바치게 하소서.
당신의 공로로 우리의 삶을 받아주소서.
그리스도는 성부와 성령과 함께
지금도 살아계시고 영원히 우리를 다스리십니다.

133
모든 영혼의 주님께 드리는 기도

• 주님 앞에서 새로운 마음으로 우리를 깨끗이 합시다.

전능하시고 영원하신 주님,
당신의 보좌로부터 천사들이
주님의 뜻을 받들고자 나아갑니다.
비오니 당신의 종이 주를 위하여 일하게 하소서.
우리가 당신 이름으로 나아가고
당신 이름으로 가르치며
당신 이름으로 영혼들을 인도하여
우리 모두가 당신의 계명에 순종하고
당신께 영광을 돌리게 하소서.
당신의 보호하는 날개 그늘 아래
당신의 영원한 팔에 안긴 채
우리와 우리가 가르치는 모든 사람이
생명의 면류관을 받게 하소서.
예수 그리스도의 이름으로 기도합니다. 아멘.

• • •

모든 영혼의 아버지시며 참된 생명을 주시는 주님,
당신만이 온전히 모든 사람 위에, 곁에,

그리고 안에 계시니 (골로 3:11)

우리 또한 당신 안에서 모든 사람을 기억하게 하소서.

모든 사람이 당신 앞으로 나아가

심판받을 그 날을 기다리며

지금 우리는 기도로 모든 사람을 당신 앞에 데려갑니다.

비오니, 인류가 아들을 흠모하고 아버지를 영화롭게 할

그 순간이 속히 오게 하소서.

우리가 당신 안에서 평화의 왕을 찬미하며

한 몸으로 살게 하소서.

134
가장 귀한 보물을 고백하며

주님, 저의 자유와 기억과

이해와 의지와 재산과 모든 것을 가져가소서.

당신께서 모든 것을 주셨으니,

이제 당신께 모든 것을 드립니다.

제 모든 것을 당신 뜻에 따라 사용하소서.

제게 당신의 사랑과 은총을 허락하소서.

그것이 저의 가장 귀한 보물입니다.

- 이냐시오 데 로욜라

우리가 기억하는 이들의 손을 잡아주소서.
당신의 선하고 아름다운 복으로
그들의 삶에 당신의 인장을 새기시며,
순전한 당신의 뜻을 행하는 그들의 머리 위에
당신의 면류관을 씌우소서.

135
난민이 된 아이들을 위한 기도

주 예수 그리스도여,
당신의 거룩한 어린 시절을 기억하소서.
땅에서 어린아이들을 사랑하셨던 일을 기억하소서.
이 험악한 세상에서 위험천만한 시간을 살아가는,
밤마다 낯선 이의 집을 찾아 잠을 청하는
이 세상의 모든 어린아이를 보호하소서.
몸의 위협과 마음의 위협으로부터 그들을 지키소서.
시험과 환난으로부터 그들을 구하소서.
언제나 그들이 올바른 길을 걸을 수 있도록 인도하소서.
그들이 가는 곳마다 새로운 친구를 만나게 하시고,
그들을 반기는 사람마다 마음을 활짝 열게 하소서.
아이와 아이를 보호하는 사람 모두
잃어버린 한 마리 양을 찾을 때까지
꺼지지 않는 당신의 불꽃 같은 사랑에
더욱더 가까이 다가가게 하소서.
당신께서도 하늘의 집을 떠나 우리 가운데
이방인으로 유리하신 것을 기억하게 하소서.
주 예수 그리스도의 이름으로 기도합니다.

136
어린아이를 위한 기도

어린아이들을 품에 안으시고 축복하신
주 예수 그리스도여,
우리에게 소중한 모든 아이를 축복하소서.
그들을 영원히 자비로운 당신의 팔로 감싸소서.
그들을 모든 악으로부터 지키시고 인도하소서.
그들이 언제나 하늘에 계신 아버지의 얼굴을
품고 사는 사람들을,
거룩한 당신의 영광을 안고 사는 사람들을 만나게 하소서.

137
우리의 교회와 예배를 받아주소서

하늘 높은 보좌에 앉으신 주님,
우리가 당신께 드리는 예배를 기쁘게 받아주소서.
우리가 교회의 허물과 실망스러운 모습을
새롭게 하려고 노력할 때,
당신의 자비로 우리를 굽어살피소서.
우리가 당신께 존귀와 영광을 돌리는
새로운 교회를 지을 때,

당신의 자비로 우리를 굽어살피소서.
우리가 당신을 위해 기울이는 모든 수고를 축복하소서.
비오니, 우리가 당신의 집을 이루는
살아 있는 돌이 되게 하소서.
우리가 아들이신 주 예수 그리스도의 신비에 참여하여
그리스도의 몸으로 세워지게 하소서.
주 예수 그리스도는 성부와 성령과 함께 한 몸으로
지금도 살아계시고 영원히 우리를 다스리십니다.
보이지 않는 하늘에 계신 주님,
우리를 구원하시려고 온 땅에 당신의 능력을 펼치십니다.
이제 이곳으로 당신의 얼굴을 향하시고 빛을 비추소서.
당신의 얼굴을 구하는 사람이
이곳에서 당신을 보게 하소서.

138
수고하고 지친 이들을 위한 기도

수고한 사람의 힘이시며 지친 사람의 쉼이신 그리스도여,
비오니, 우리가 고된 일로 힘들고 지칠 때
성령의 힘으로 우리를 새롭게 하소서.
우리가 당신의 나라를 섬기도록 새로운 힘을 주시며
우리 주 예수 그리스도를 통하여

생기를 되찾은 몸과 마음으로 당신을 섬기게 하소서.

성부와 성자와 함께 하나이신 위로자 성령이시여,

우리의 마음으로 들어오소서.

우리를 위해 중보해주셔서

우리가 주 예수 그리스도로 인하여

한 점의 부끄러움도 없이 아버지를 찾게 하소서.

아무 불안이나 걱정 없이

언제나 감사하는 마음으로 기도하고 간구하여

우리의 소원을 당신께 말하게 하소서. (필립 4:6)

139
당신의 모든 자녀를 기억하며

전능하시고 사랑이 가득하신 아버지,

당신께서는 우리 자신뿐 아니라

남을 돌보라고 가르치셨습니다.

우리의 지도자, 우리 사회, 우리 환경 모두를 기억합니다.

세계 방방곡곡에서 무거운 멍에를 두르고 압제당하는

당신의 자녀를 기억합니다.

소망이 산산 조각나버린 당신의 자녀를 기억합니다.

삶의 목적을 잃어버린 당신의 자녀를 기억합니다.

가난으로 굶주리고 고통받는 당신의 자녀를 기억합니다.

병으로 아파하고 누워있는 당신의 자녀를 기억합니다.

밤새 고생해도 쉬지 못하는 당신의 자녀를 기억합니다.

어둠과 절망에 빠져버린 당신의 자녀를 기억합니다.

옳은 일을 하다가 박해를 받는 당신의 자녀를 기억합니다.

비오니, 당신의 모든 자녀가 당신 안에서 쉼 얻게 하소서.

우리 주 예수 그리스도를 통하여

그들의 영혼에 고요한 평화가 깃들게 하소서.

또한 우리는 삶과 작별하려는 당신의 자녀들을

당신의 손에 맡깁니다.

그들에게 사랑하는 마음과

마음의 평화와 신실한 믿음을 허락하소서.

그들이 자신의 소망을 당신께 두고

사망의 그림자가 드리운 골짜기를 담담히 걷게 하소서.

그들이 우리 주 예수 그리스도를 통하여

당신께서 예비하신 영원한 안식에 들어가게 하소서.

또한 세상을 떠나 당신의 빛으로 들어간 이들을

기억합니다.

비오니, 언제나 그리고 영원히 당신의 사랑과

인자한 빛으로 그들을 비추소서.

이 모든 것을 우리에게 기도를 가르쳐 주신

주님의 이름으로 구하오니 …

(주의 기도를 드린다)

140

인류와 모든 교회를 위해 드리는 기도

지구의 모든 경계와 법칙이 의지하는 지혜이신 주님,
인류에게 당신의 복을 더하시고
당신의 사랑으로 이 세상을 찾아오소서.
당신의 길을 온 세상이 알고
치유의 빛이 열방 중에 퍼져나가게 하소서.
이 모든 것을 우리에게 기도를 가르쳐 주신
주님의 이름으로 구하오니 …

(주의 기도를 드린다)

• • •

전능하시며 영원하신 주님,
당신의 영이 교회를 다스리며 거룩하게 하십니다.
우리가 당신에게 드리는 간구와 기도를 받으소서.
우리가 당신께 아뢰는 사람들의 이름을 기억하시고
특히 당신의 거룩한 교회를 기억하소서.
우리 구세주 예수 그리스도를 통하여
교회 안에서 하나이며 평등한 모든 지체가
자신의 역할과 주어진 장소에서
힘과 뜻과 정성을 다해 당신을 섬기게 하소서.

인류의 창조자이자 생명의 근원이신 주님,
간절히 비오니, 각기 다른 상황에 처한
모든 이를 기억하소서.
기쁨으로 모두에게 당신의 길을 밝히 비춰주소서.
만국을 치유하는 빛을 비춰주소서.
모든 교회를 위하여 기도합니다.
당신의 영으로 모든 교회를 이끄시고 다스리소서.
그리스도인이라 자신을 일컫는
모든 사람이 진리의 길을 걷고
정의로운 삶과 평화의 약속 안에서
신앙을 한마음으로 지키게 하소서.
마지막으로 비오니,
돈독한 사랑으로
지금 어떠한 모습과 이유로든지,
몸과 마음과 물질과 관계와
삶의 모든 영역에서
고통받는 이들과 함께하소서.
아버지, 기쁨으로 그들을 위로하시며 치유하시고
그들의 필요에 응답해 주소서.
그들이 겪는 고난 가운데 꿋꿋이 살려는 마음을 주셔서
어려움 가운데서도 행복을 알게 하소서.
이 모든 것을 예수 그리스도의 이름으로 간구합니다.

141

위로를 구하는 기도

주여, 기억하소서.

우리와 같이 짐을 지고 땀 흘리는 이웃을,

많은 사람을 위해 자신의 흠 없는 삶을 기꺼이 내어주는

겸손한 이들을 기억하소서.

주님, 간구하오니 당신의 크고 놀라운 친절로

우리 모두를 구하소서.

주님, 온 세계를 구원하시는 분이여,

당신의 사랑과 신실하심은 끝이 없습니다.

어디나 계시며 자비가 마르지 않는 주님,

특별히 문제에 봉착하여 어려움에 빠진 이들에게

자비를 베푸소서.

길을 잃은 사람을 인도하시고 무고한 사람을 보호하소서.

꺼지는 마음의 불을 다시 지피시며

아픈 사람을 고쳐주소서.

사랑하는 사람을 잃은 자를 위로하소서.*

당신께 돌아가는 영혼을 받아주소서.

주 예수 그리스도여,

---

* 여기 이 단락에서 개인적으로 알고 있는 사람의 이름을 말하라는
  메모가 적혀있다.

십자가 위에서 겪으신 고난과 외로움을 기억하시고
오늘 고통과 슬픔과 고독에 잠긴 사람들을 찾아가소서.
당신께서 함께하심으로 그들의 고독이 위로를 받아
당신과의 거룩한 교제로 나아가게 하소서.

· · ·

예수 그리스도여,
당신께서는 이 거룩한 예배를 사랑의 맹세로 삼으시고,
이를 통해 우리가 당신의 고난을
항상 기억하게 하셨습니다.
지금 이곳에서 예배에 참여하는 우리에게
감사의 마음을 주소서.
우리가 당신의 영원한 기쁨에 닿을 때까지
당신 안에서 당신을 향해 자라나게 하소서.

- 영국 성공회 기도서(1928)

142
사랑하는 모든 이를 위한 기도

거룩한 아버지, 주 예수 그리스도의 아버지시여,
당신께서는 성자의 이름을 따라
하늘과 땅에 교회를 세우셨습니다.

우리는 이제 당신의 식탁에 둘러앉아

빵과 포도주를 받기 전에

우리와 함께하지 않는 지체들을 기억합니다.

그리고 아버지께서 그들을 기억하는

우리의 기도를 들으시기 간구합니다.

자비하신 주님,

이 땅에 뿌리내린 당신의 교회를 굽어살피소서.

나무의 가지처럼 세상을 향하여 뻗어 나가는

교회의 활동을 살피소서.

당신의 나라를 구하는 모든 마음을 뒤흔들어 깨우시고

그들을 더욱 충만한 믿음과 깊은 헌신으로 이끄소서.

당신의 자녀가 서로를 돕고 섬기는 기쁨을 알게 하시고

서로 사랑하게 하소서.

비오니, 당신의 자녀들이 잃어버린 일치를

회복하게 하소서.

그리스도의 옷이 찢어지지 않게 하시며

그리스도의 몸이 상하지 않게 하소서.

양 떼의 선한 목자이신 주님,

오늘 고귀한 당신의 몸과 피로 우리를 먹이시니

당신을 찬미합니다.

당신의 이름을 높이며 당신을 찬미합니다.

우리가 당신의 은총에 적합한 통로가 되게 하소서.

우리의 삶을 통해 우리가 당신과 함께한다는
사실을 알리게 하소서.
우리의 삶을 통해 우리가 당신 안에 있다는
사실을 전하게 하소서.
그리스도는 성부와 성령과 함께 지금도 살아계시고
영원히 우리를 다스리십니다.
주님, 지금 이 자리에 없는 이들을 기억합니다.
사랑의 근원이시며 사랑을 아낌없이 주시는 주님,
비오니, 당신의 영원하신 팔로
그들과 우리를 끌어안으소서.
영원히 우리가 한 몸이 되게 하소서. 아멘.

· · ·

주님, 우리는 당신의 자비에 의지하여
우리가 사랑하는 모든 사람을 당신께 기도로 아룁니다.
우리와 관계 맺은 모든 사람, 친구와 신앙의 후원자와
우리를 위해 기도하는 모든 사람을 당신께 맡깁니다.
우리에게 기도를 부탁한 사람과 곤경에 처한
모두를 당신께 맡깁니다.
몸의 질병과 마음의 질병으로 고생하는 사람,
불안과 공포에 휩싸인 사람, 이 시간 위험에 빠진 사람,
고통으로 몸부림치는 사람, 잠 못 이루는 사람,

밤새 아픈 사람을 간호하는 간호사와 의사를 기억합니다.
당신의 자비로운 손이 언제나
그들 위로 펼쳐져 있길 빕니다.
당신의 영원하신 팔이 언제나 그들 아래를
떠받치길 바랍니다.
당신의 영이 그들과 함께하며 주 예수 그리스도를 통하여
그들을 당신의 품으로 이끌기를 기도합니다.

143
자비로운 주님의 손길을 구하는 기도

주님, 우리는 당신의 자비에 의지하여
우리가 사랑하는 모든 이를 당신께 기도로 아룁니다.
우리와 관계 맺은 모든 이, 가족과 친구와
아파하는 사람과 슬픔에 빠진 사람,
곤경에 처한 사람, 죄인과 회개하는 영혼과
우리가 기억해야 하는 사람과 우리를 기억하는 사람
모두를 당신께 맡깁니다.
우리 모두를 당신 곁으로 이끄시어
친밀한 교제를 나누게 하소서.
주 예수 그리스도여,
자비로운 당신의 손을 펼치소서.

기도가 필요한 모든 이를 위해 기도합니다.

그들 곁에서 그들을 보호하소서.

그들 안에서 몸과 마음을 새롭게 하소서.

그들 가운데서 그들의 생명을 지키소서.

그들 앞에서 그들을 이끄소서.

그들 뒤에서 그들의 방패가 되소서.

그들 위에서 그들에게 복을 내리소서.

144
영광 가운데 계시는 주님께 간청하는 기도

영광의 왕이신 주님,

당신의 독생자 예수 그리스도를 영화롭게 하셔서

하늘 너머 당신의 나라에까지

만세 소리가 울려 퍼지게 하셨습니다.

비오니, 우리를 괴로움 가운데 두지 마소서.

성령을 우리에게 보내셔서 우리를 위로해 주소서.

그리스도께서 가신 길을 따라가는

고귀한 일을 허락하소서.

성자는 당신과 성령과 함께 한 분으로

지금도 살아계시며 영원히 다스리십니다. 아멘.

성령의 빛으로 성도의 마음을 가르치시는 주님,

우리에게 똑같은 성령을 보내셔서
모든 일을 올바르게 분별하고 당신의 위로 안에서
영원히 뛰어놀게 하소서.
당신의 아들, 우리 주 예수 그리스도의
은총에 힘입어 기도드리니
그리스도는 성령의 연합 안에서 당신과 함께 한 분으로
지금도 살아계시며 영원히 다스리십니다. 아멘.

• • •

주님, 당신께서 우리와 함께하지 않으시면,
우리는 당신을 기쁘게 할 수 없습니다.
크고 놀라운 당신의 자비로 우리 삶의 모든 것을 이끄시고
우리 마음을 다스려주소서.
우리 주 예수 그리스도의 이름으로 기도합니다. 아멘.

145
기억하는 이들의 손을 잡아주소서

당신의 자녀가 서로를 위해 기도할 때,
그 기도 위에 우리가 상상도 못 할
은총을 부으시는 만물의 아버지,
언제나 사랑을 주시는 성령이여,

우리가 기억하는 이들의 손을 잡아주소서.

당신의 선하고 아름다운 복으로

그들의 삶에 당신의 인장을 새기시며,

순전한 당신의 뜻을 행하는 그들의 머리 위에

당신의 면류관을 씌우소서.

우리 모두에게 기꺼이 남을 위해

자신을 희생하는 마음을 허락하소서.

당신을 흠모하는 모든 생명이

당신께 나아갈 때

불평 대신 감사를, 괴로움 대신

꺼지지 않는 친절을 품게 하시고

참으로 주님이 기뻐하시는 삶을 살게 하소서.

사랑이신 주님,

우리의 소망이신 당신께 기대어

낙심하지 않게 하시고,

언제나 우리와 함께하소서.

우리의 자녀와 함께 하소서.

우리 주 예수 그리스도 안에 있는 믿음을 힘입어

당신께 간구합니다.

아멘.

146
땅을 일구는 이들을 위한 기도

전능하신 주님, 만물의 창조주이신 아버지,
온 마음과 정성을 다해 당신께 감사드립니다.
당신께서는 인류가 씨앗을 심고 거두는 시간을 정하셨고
계절을 따라 이 땅의 소산을 얻도록 하셨습니다.
당신의 섭리와 자비로 인하여
당신의 영광스러운 이름을 소리 높여 찬미합니다.
비오니, 당신의 땅을 일구는
모든 이에게 복을 더하소서.
곤경에 처한 농업을 도우시고 위로하소서.
이 나라의 생명이 되는 그 산업을 기억하소서.
당신의 종들이 때에 따라 열매를 거둘 수 있도록
계절마다 좋은 날씨를 허락하소서.
그들이 언제나 당신의 아들 안에서
당신의 거룩한 이름을 찬양하게 하소서.
예수 그리스도의 이름으로 기도합니다.
아멘.

147
구하기 전에 모든 필요를 아시는 주님께

그리스도의 이름으로 하는 모든 간구를 들으시겠다고
약속하신 전능의 주님,
사랑과 자비로 당신의 귀를 열어 우리의 기도를 들으소서.
우리가 믿음 안에서 간구했던 것들을 기억하시며
우리의 필요를 채워 주시고
당신의 영광이 드러나게 하소서.
이 모든 것을 통해 당신의 뜻을 이루소서.
우리 주 예수 그리스도시여,
성부와 성령과 함께 영원무궁토록 영광을 받으소서. 아멘.

• • •

모든 지혜의 근원이 되시는 전능하신 주님,
우리가 구하기 전에 우리의 모든 필요를 아시며
우리가 구하는 헛된 것을 아시는 주님,
당신의 자비로 우리의 어리석음을 불쌍히 여기소서.
우리가 용기가 없어 감히 구하지 못하며
마음의 눈이 가려져 보지 못하는 것을
당신의 아들 주 예수 그리스도를 통해 우리에게 주소서.

148

설교자의 기도

전능하신 주님,

이 시간 우리에게 은총을 베푸시어

한마음으로 기도하게 하소서.

당신께서는 두세 사람이 내 이름으로 모여 기도하는 곳에

나도 그들과 함께 있겠다고

예수 그리스도를 통하여 약속하셨습니다.

비오니, 우리 기도를 들으시고,

가장 유익한 대로 채워 주시며,

이 세상에서 당신의 진리를 깨닫고

후세에 영원한 생명을 얻게 하소서. 아멘.

- 요한 크리소스토무스

. . .

하늘에 계신 아버지, 우리가 이 모든 것을 간구하오니,

기도의 응답을 확신과 기쁨 가득한

소망 안에서 기다립니다.

당신의 뜻을 따라 구하오니,

당신의 교회가 부르짖을 때 들어주소서.

성령이 우리를 위하여 하는 기도를 기억하시며

사랑하시는 성자 그리스도를 언제나 생각하시어
우리를 이끄소서.

. . .

주님, 당신을 찬미합니다.
당신의 보좌 앞에 무릎을 꿇습니다.
찬란하게 빛나는 왕이신 당신을 높이며 사랑합니다.
언제나 당신을 흠모하며 노래합니다.
"구원을 주시는 분은
영원히 보좌에 앉아 다스리시는 주님과
어린 양 그리스도이십니다.
주께서 영원무궁토록 찬양과 영광과 지혜와 감사와 영예와
권능과 세력을 받으소서." (묵시 7:10,12)
 아멘.

149
신앙의 본이 되었던 이를 기억하며

주님, 당신께 간청하오니
신앙의 본이 되는 삶을 살았던 이를 따라
지금 이곳에 있는 우리도 용감하게
십자가에 달리신 그리스도의 신앙을 고백하게 하소서.

당신의 신실하심으로 우리가 당신의 깃발 아래
있는 힘껏 죄와 세상과 주를 대적하는
모두와 싸우게 하소서.
세상 끝날까지 당신의 신실한 종과 병사로 살게 하소서.
당신의 아들, 우리 주 예수 그리스도의
은총에 힘입어 기도합니다. 아멘.

150
성인의 경건한 삶을 따라

전능하신 주님,
당신께서는 우리 주 예수 그리스도,
성자의 몸, 그 신비를 통해
택하신 백성 모두를 한 몸으로 결합하셨습니다.
우리에게 평안을 주시고 성인들의
경건한 삶을 따라 살게 하소서.
거짓 없이 주님을 사랑하는 모두에게
약속하신 놀라운 기쁨을
우리 주 예수 그리스도를 통해
우리가 누리게 하소서.

151
산 자에게 사랑을 죽은 자에게 평화를

주님, 산 자에게 사랑을 베푸시며
죽은 자에게 평화를 주소서.
하늘에서 내려오는 당신의 사랑과 도움을
병들고 아픈 사람에게 허락하소서.
가장 귀하고 아름다운 우리 주
예수 그리스도의 피로 구원하신 영혼이
당신께 돌아갈 때 받아주소서.
그들이 거룩한 사도와 순교자와 성인과 주님을
사랑하는 모든 이와 함께
그리스도의 품 안에, 당신의 평화 안에,
영원한 당신의 나라에 머물게 하소서.
빛의 천사들이 그들의 영혼을 환영하며
예비 된 아름다운 집으로 그들을 안내하게 하소서.
사랑과 자비의 한계가 없으신 주님,
그들의 모든 죄를 용서하소서.
그들이 간절히 원했던 용서를 베푸시고
당신의 거룩한 나라, 그 기쁨을 상속하게 하소서.
이 땅에 있다가 당신의 품으로 돌아간 신실한 종들이
넘치는 기쁨으로 당신의 얼굴을 보게 하소서.

당신의 아름답고 기쁜 목소리를 듣게 하소서.
"너희는 내 아버지의 복을 받은 사람들이니 와서
세상 창조 때부터 너희를 위하여
준비한 이 나라를 차지하여라" (마태 25:34)
아버지, 우리의 유일한 변호자이자 중재자이신
예수 그리스도의 이름으로 기도합니다. 아멘.

152
별세한 이를 위한 기도

주님, 당신의 손에 우리 곁을 떠난
신실한 영혼들을 맡깁니다.
변함없으신 창조주시며
사랑이 한없으신 구세주께 비오니,
그들에게 용서와 평화를 허락하소서.
또한 비오니, 신앙의 길을 이 땅에서 걷고 있는
우리의 기도를 들으시고 응답하소서.
죽음도 갈라놓을 수 없는 성도의 교제와
당신 안에서만 맛볼 수 있는 기쁨을
우리에게 알려주소서.
그리하여 그들과 우리가 영원히 주님 안에서
하나 되게 하소서.

주님, 우리가 주님의 거룩한 사도와 순교자와 성인과
주님을 사랑하는 모든 이와 함께
영원한 친교를 맺게 하소서.
우리의 공로가 아니라 우리의 허물을 덮는
우리 주 그리스도의 놀라운 자비와 용서로
그 거룩한 공동체에 들어가게 하소서. 아멘.

153
고통받는 이들을 위한 기도

주님, 겸손히 당신께 간구합니다.
주의 사랑으로 곤경에 빠진 사람과
애통하는 사람과 가난한 사람 모두를
위로하여 주소서.
특별히 아픈 사람을 위해 기도합니다.
당신의 자비로 그들을 찾아 만나주시고
당신의 뜻이라면 그들의 병을 고치소서.
그 무엇보다도 당신의 뜻이 우리의 평화라는
고귀한 앎을 얻게 하소서.
정성을 다해 당신을 섬기는 모든 종을 통해
당신의 거룩한 이름을 찬미합니다.
그들은 믿음의 경주를 달리고 있으며

지금 이 순간에도 당신 곁에서
당신의 나라를 위해 일하고 있습니다.
교회의 성인을 당신의 특별한 은총의 도구로 택하시어
시대마다 세상의 빛과 소금으로 만드시고
그들을 통하여 놀라운 은총과 덕을 선포하신
주님께 찬미와 감사를 드립니다.
겸손히 당신께 간구합니다.
우리에게도 은총을 허락하셔서
그들의 한결같은 믿음과 순종을
따라 살게 하소서.
모두가 부활하는 그날이 올 때
우리 또한 성자의 신비로운 몸과 하나 된 성도들과 함께
당신의 오른편에 앉아
구세주의 아름답고 기쁜 목소리를 듣게 하소서.
"너희는 내 아버지의 복을 받은 사람들이니 와서
세상 창조 때부터 너희를 위하여
준비한 이 나라를 차지하여라" (마태 25:34)
아버지, 우리의 유일한 변호자이자 중재자이신
예수 그리스도의 이름으로 기도합니다. 아멘.

154
성도의 영원한 안식을 구하는 기도

• 이제 성도의 교제 안에서 주님을 사랑하는 모든 성도를 기억하며 주님께
  감사드립시다.

만물을 창조하셨고 모든 성도를 구원하시는 주님,
우리 곁을 떠난 신실한 성도들에게
자비를 베푸셔서 평안히 쉬게 하소서.
주님, 그들에게 영원한 안식을 허락하시고
영원한 빛으로 그들을 감싸소서.
주님께 감히 얼굴을 들지 못하는 우리 또한 기억하소서.
우리의 공로가 아니라 당신의 용서에,
오직 당신의 풍성한 자비에 기대어 소망하오니
당신의 거룩한 사도와 순교자와 성인과
주를 사랑하는 무리 가운데 우리의 자리를 예비하소서.
그곳에서 영원한 친교를 맺게 하소서.

155
성인의 삶을 기억하는 기도

영원하시며 불멸하신 왕이시여,
무소부재하신 주님이시여,

당신께서는 성인의 의로운 삶을 통하여
거룩한 삶의 길을 보이셨습니다.
그들의 복된 삶을 통하여 우리가 받은
찬란한 소망을 기억합니다.
비오니, 우리를 구름처럼 둘러싼 많은 증인 가운데
우리가 가야 할 길을 꾸준히 달리게 하소서.
우리 주 예수 그리스도를 통하여
그들과 함께 녹슬지 않는
영광의 면류관을 쓰게 하소서.

· · ·

전능하신 주님,
당신께서는 우리 주 예수 그리스도,
성자의 몸, 그 신비를 통해
택하신 백성 모두를 공동체로 빚으셨고,
우리와 교제를 나누십니다.
비오니, 성인의 경건한 삶을 따라 살게 하소서.
거짓 없이 당신을 사랑하는
모두에게 약속하신 놀라운 기쁨을
우리 주 예수 그리스도를 통해 누리게 하소서.

· · ·

모든 영혼과 생명을 주관하시는 영원하신 주님,
비오니, 당신의 모든 교회에 빛을 비추소서.
하늘에 있는 영원한 교회와 땅에 있는 교회에
당신의 빛과 위로를 영롱하게 비추소서.
또한 세상에서 신앙의 본이 되는
길을 걸었던 사람들을 따라
당신의 한없는 기쁨에 들어가게 하소서.
그리스도는 성부와 성령과 함께 한 분으로
지금도 살아계시며 영원히 우리를 다스리십니다. 아멘.

156
신앙의 길에서 만난 모든 이를 기억하며

인류와 모든 문명의 주인이신 주님,
정성과 겸손을 다하여
당신과 동행한 이들을 기억하며 당신을 찬미합니다.
특히 우리 곁에서 다정한 친교의 모습으로
당신의 아름다움을 눈앞에 펼쳐 보였던 사람들을
기억하며 당신을 찬미합니다.
그들은 언제나 당신과 함께한다는 사실을
우리에게 가르쳐 주소서.
그들의 삶을 기억하며 기뻐하고

그들의 죽음을 통해 위로를 받고 깨달음을 얻게 하소서.
모든 영혼의 주인이시여, 우리 주 예수 그리스도를 통하여
믿음과 사랑으로 하나 된 당신의 품으로 우리를 모으소서.
하늘에서든지 땅에서든지 우리가 언제나
한 가족임을 알게 하소서.

. . .

전능하신 주님,
비오니, 우리의 머리로는 감히 헤아릴 수 없는
당신의 평화를 주소서.
수많은 슬픔을 마주하는 우리가
당신 안에서 쉼을 얻게 하소서.
당신 안에 모든 것이 있고,
당신께서 모든 것을 관장하시며,
당신의 뜻이 모든 것을 다스리고,
당신의 사랑이 모든 것을 지킵니다.
우리 주 예수 그리스도의 이름으로
우리를 덮치는 어둠과 폭풍을 담담히 바라보게 하소서.
당신에게 어둠과 빛은 다르지 않기에
이 모든 것을 기쁨으로 견디게 하소서.
은총으로 우리에게 당신의 사랑을 주소서.
그것으로 족합니다. 다른 무엇도 필요하지 않습니다.

157
복을 베푸소서

주 예수 그리스도의 사랑이 바람이 되어
우리를 당신 곁으로 데려가게 하소서.
주 예수 그리스도의 능력이 우리의 힘이 되어
당신을 섬기게 하소서.
주 예수 그리스도의 기쁨이 생명이 되어
우리의 영혼을 넘치도록 채우소서.
전능하신 주님, 성부와 성자와 성령으로
언제나 우리에게 복을 베푸소서.

- 영국 성공회 기도서(1928)

• • •

주님, 우리와 함께 걸으시고
우리와 함께 일하시며 우리를 도우소서.
우리의 모든 길은 당신으로부터 시작하며,
당신을 통해 이어지고, 당신 안에서 끝납니다.
우리 주 예수 그리스도를 통하여 영광을 돌리게 하소서.
거룩하신 주님, 성부와 성자와 성령이여,
이 나라와 가정과 친구와 우리에게
지금부터 영원무궁토록 복을 내려주소서.

158

당신의 복을 누리게 하소서

주님, 우리에게 복을 내리시며 우리를 지켜주소서.
우리를 향하여 웃으시며 우리를 어여쁘게 보아주소서.
우리를 고이 보시며 평화를 주소서. 아멘.

우리의 기도를 물리치지 않으시고
사랑을 우리로부터 거두지 않으시는 주님,
찬미 받으소서. 아멘.

놀라운 일을 행하셨으니 주님은 찬미 받으소서.
영광스러운 그 이름도 영원무궁토록 찬미 받으소서.
당신의 영광이 온 땅에 가득합니다. 아멘, 아멘.

주 예수 그리스도의 은총과 아버지의 사랑과
성령께서 이루어주시는 친교를
우리가 영원히 누리게 하소서. 아멘.

성부와 주 예수 그리스도시여,
은총과 평화를 우리에게 내려주소서.

159
주님께 영광을 돌리며

이제 우리가 바라거나 생각하는 그 무엇보다
훨씬 더 넘치고 흡족하게 베푸시며
우리 안에서 언제나 활동하시고 힘을 주시는 주님께서,
교회와 그리스도 예수를 통하여
세세 무궁토록 영광을 받으시길 빕니다. 아멘.

우리를 사랑하시고
당신의 피로 죄에서 해방하신 그분께서
영광과 권세를 영원무궁토록 누리시기를 빕니다. 아멘.

진리와 사랑 안에 있는 우리에게
아버지와 그의 아들 예수 그리스도께서
은총과 자비와 평화를 내려주시길 빕니다. 아멘.

우리가 넘어지지 않게 지켜주시며 아버지의 영광 앞에
한없는 기쁨으로 나아갈 능력을 주시는 그분,
오직 한 분이신 아버지께서 예수 그리스도를 통하여
영광과 위엄과 권세를 이제부터 영원토록
누리시기를 빕니다. 아멘.

160

성장하는 삶을 간구하며

양들의 위대한 목자이신 예수를 살리신 평화의 아버지,
영원한 계약의 피로 우리와 함께하시어
우리 안에 온갖 좋은 것을 완전하게 하시며
당신의 뜻을 이루소서.
우리 삶을 통해 당신께서 기뻐하시는 일을
할 수 있게 해주소서.
예수 그리스도께서 모든 영광을
홀로 영원무궁토록 받으시기를 기도합니다. 아멘.

우리의 머리로는 감히 헤아릴 수도 없는 주님의 평화가
그리스도 예수를 믿는 우리의
마음과 생각을 지켜주기를 바랍니다.
성부와 성자와 성령은 우리와 언제나 함께하시며
우리에게 복을 주소서. 아멘.

주님, 비오니,
날마다 참된 삶을 살아가는 기쁨을 알게 하소서.
당신을 섬기는 우리가 매일 당신의 평화를 발견하고
성자 예수 그리스도의 모습으로 자라나게 하소서. 아멘.

놀라운 일을 행하셨으니 주님은 찬미 받으소서.
영광스러운 그 이름도 영원무궁토록 찬미 받으소서.
당신의 영광이 온 땅에 가득합니다. 아멘, 아멘.

- **토마스 아 켐피스**Thomas à Kempis(1380~1471)는 중세 가톨릭 수도사다. 20명의 동지와 함께 공동생활 형제회Brethren of the Common Life의 기원이 되는 공동체 생활을 하다가 아우구스티누스 수도회의 수도사가 되었다. 1413년 사제 서품을 받고 1425년 당시 아른하임 수도원의 부원장이 되어 후진 양성과 저술에 집중했다. 이때 남긴 대표적인 저술 중 『그리스도를 본받아(준주성범)』De Imitatione Christi가 있으며 이 저작은 로마 가톨릭/개신교를 아울러 성경 다음으로 많이 읽힌 신앙서적으로 꼽힌다. 한국에는 『그리스도를 본받아』가 다양한 출판사에서 소개된 바 있다.

관련 기도 - 2, 3, 4, 5, 7, 25, 33, 35, 50, 58

- **존 헨리 뉴먼**John Henry Newman(1801~1890)은 신학자, 성직자다. 성공회 사제였으나 훗날 로마 가톨릭 교회로 옮겼고 추기경으로 서임되었다. 초대교회부터 전해 내려오는 전례의 중요성, 신학의 의미, 교회의 가치를 역설했고 현대 성공회와 로마 가톨릭 모두에 영향을 미쳤다. 주요 저서로『그리스도교 교리의 발전에 관하여』Essay on the Development of Christian Doctrine, 『대학의 이상』The Idea of a University, 『삶을 위한 변론』Apologia pro vita sua 등이 있다. 한국에서 그에 관한 소개서로『존 헨리 뉴먼 - 존 헨리 뉴먼의 생애와 사상』(성바오로출판사)이 있다.

  관련 기도 - 6, 17, 63

- **존 브래드포드**John Bradford(1510~1555)는 종교개혁 시기 설교자다. 신앙 문제로 혼란스럽던 메리 여왕의 통치 시기, 정부의 종교정책에 맞섰다는 이유로 런던탑에 수감되었으며 1555년 화형에 처해졌다. 종교개혁 시기 대표적인 순교자로 꼽힌다.

  관련 기도 - 8

- **장 니콜라스 그루**Jean Nicolas Grou(1731~1803)는 프랑스 북부 칼레 출신의 로마 가톨릭 사제이자 예수회 수도사다. 18세기에 나타난 세속주의의 도전에 맞서 그리스도교 신앙이 지닌 신비와 영성의 가치를 역설한 저술을 남겼다.

  관련 기도 - 10, 38, 46

- **존 스코투스 에리우게나**John Scotus Eriugena(815~877)는 중세 신학자다. 위-디오니시우스Pseudo-Dionysius의 저술들을 그리스어에서 라틴어로 번역해 가톨릭 교회에 소개하고 다양한 신학, 철학 저술을 남겨 스콜라 철학의 선구자로 평가받는다.

  관련 기도 - 11

- **아빌라의 테레사**Teresa of Avila(1515~1582)는 중세 시기 활동한 수녀다. 그리스도교 영성에 관한 탁월한 저술을 남겼으며 수도원 개혁에도 헌신했다. 주요 저작으로는 자서전『예수에 속한 테레사의 삶』The Life of Teresa of Jesus, 『영혼의 성』Interior Castle, 『완덕의 길』The Way of Perfection 등이 있으며 한국에『아빌라의 성녀 데레사 자서전』(분도출판사), 『영혼의 성』(바오로딸) 등으로 소개된 바 있다.

  관련 기도 - 12

- **에드워드 부버리 퓨지**Edward Bouverie Pusey(1800~1882)는 성공회 사제이자 학자다. 존 헨리 뉴먼과 더불어 옥스퍼드 운동의 주역으로 꼽는다. 초대교회 교부들과 종교개혁 이전의 사상가들인 '찰스 시대의 성직자들'Caroline Divines의 가치를 재발견 했으며 성공회에 전례신학적 기초를 정립하는데도 기여했다. 주요 저작으로는『그리스도 현존의 교리』the Doctrine of the Real Presence, 『평화, 영국 교회와 로마 가톨릭 교회의 일치를 위

한 기초』the Eirenicon, an endeavour to find a basis of union between the Church of England and the Roman Catholic Church 등이 있다.

관련 기도 - 14

- 피에르 드 베륄Pierre de Bérulle(1575~1629)은 가톨릭 교회 추기경이자 영성가다. 주님의 위대함과 그리스도의 몸인 교회에 대한 깊은 통찰 및 인식, 그리고 선교적 헌신을 강조한 프랑스 영성학파의 창립자로 알려져 있다. 주요 저작으로는 『악령에 사로잡히는 것에 관하여』Traité des énergumènes, 『예수의 삶』Vie de Jésus 등이 있다.

관련 기도 - 14

- 거트루드 모어Gertrude More(1606~1633)는 잉글랜드 출신 베네딕도회 수녀이자 스탠브룩 수도원의 설립자다. 기도에 관한 저서 두 권, 『주님을 사랑하는 거룩한 실천』The Holy Practices of a Divine Lover과 『영적 수행』Spiritual Exercises을 남겼다.

관련 기도 - 16

- 리처드 롤Richard Rolle(1290/1300~1349)은 중세 잉글랜드 출신 수도사이자 신학자로 성경 주석, 그리스도교 신앙에 대한 논평과 서신 등을 남겼다. 자신의 신비 체험에 근거해 신비 체험의 단계를 묘사함으로써 당대 신비가들에게 영적 성숙의 기

초를 제공했다고 평가받는다. 주요 저작으로 『사랑의 불길』
The Fire of Love, 『시편 20편에 관하여』Treatise on Psalm 20, 『주의 기
도, 사도신경, 마리아의 노래에 관하여』Commentaries on the Lord's
Prayer, the Magnificat and the Apostles' Creed 등이 있다.

관련 기도 - 20

• **얀 반 뤼스브룩**St John of Ruysbroeck(1293~1381)은 중세 플랑드르 지
방에서 활동한 가톨릭 사제이자 저술가다. 삼위일체가 영
적 삶의 본질이라고 여기고 역동적이고 관계 중심적인 영성
을 강조했다. 주요 저작으로는 『영적 혼인』The Spiritual Espousals,
『영적 성막』The Spiritual Tabernacle, 『깨우침을 위한 작은 책』The Little
Book of Enlightenment 등이 있다.

관련 기도 - 22

• **넬슨 헨리 베이커**Nelson Henry Baker(1842~1936)는 미국의 로마 가
톨릭 사제다. 가난한 사람들과 고아를 구제하는 활동에 힘써
'가난한 이들의 신부'로 불렸다.

관련 기도 - 24

• **토머스 켄**Thomas Ken(1637~1711)은 성공회 주교로 당시 왕위를
찬탈한 윌리엄 3세William III에 대한 충성 서약을 거부한 주교
non-juring bishop 중 한 사람이다. 잉글랜드 성공회 성가의 아버

지로 평가받으며 한국의 개신교회에서 자주 사용하는 찬송가 '만복의 근원 하나님'의 작사가이기도 하다. 주요 저서로 『기도 안내서』A Manual of Prayer가 있다.

관련 기도 - 24, 66

- **랜슬럿 앤드류스**Launcelot Andrewes(1555~1626)는 성공회 주교, 신학자다. 이른바 '찰스 시대의 성직자' 중 한 사람으로 꼽히며 정기적인 기도와 성사, 주교직에 대한 존중, 교부들에 관한 지식을 강조했으며 시적인 글을 통해 그리스도교 신앙의 깊이를 드러냈다. 킹제임스 성경 번역에 관여하기도 했다.

관련 기도 - 27, 28, 29, 34, 40

- **켄터베리의 안셀무스**Anselm of Canterbury(1033~1109)는 중세 시기 활동한 신학자이자 주교다. 베네딕도회 수도원에 입회해 학문 연구에 몰두했으며 1093~1109년 캔터베리 대주교를 지냈다. 신앙과 이성이 조화를 이룰 수 있다는 신념 아래 여러 신학, 철학 저작을 남겨 '스콜라 철학, 신학의 아버지'라 불린다. 주요 저작으로는 『모놀로기온』Monologion, 『삼위일체 신앙에 관하여』De fide Trinitatis, 『왜 주님은 인간이 되셨는가?』Cur Deus Homo, 『진리에 관하여』De Veritate 등이 있다. 한국에는 『모놀로기온 & 프로슬로기온』(아카넷)이 소개된 바 있다.

관련 기도 - 32, 49, 65, 76

- **이냐시오 데 로욜라**Ignatius of Loyola(1491~1556)는 종교개혁 시기 로마 가톨릭 교회의 사제이자 신학자며 예수회의 창립자이 기도 하다. 개신교 종교개혁과 더불어 진행된 가톨릭 개혁에 서 지도자로 급부상해 교회의 권위와 교계제도에 대한 절대 적인 순명을 강조했으며, 교육과 선교에 열정을 쏟았다. 주 요 저작으로는 『영신수련』Spiritual Exercises이 있고, 『로욜라의 성 이냐시오 영신수련』(이냐시오영성연구소)으로 번역돼 있다.

  관련 기도 - 33, 134

- **장 피에르 드 코사드**Jean Pierre de Caussade(1675~1751)는 예수회 사 제이자 영성가다. 신앙생활에서 자기 포기와 일상의 성사적 차원을 강조하는 다양한 글을 남겼다. 주요 저작으로는 『기 도의 주인』maître d'oraison, 『거룩한 섭리에의 포기』L'Abandon à la providence divine 등이 있다. 한국에는 『거룩한 섭리에의 포기』가 『자기포기』(은성), 『신의 뜻을 따르는 길』(누멘) 등으로 소개된 바 있다.

  관련 기도 - 34

- **에르제베트 르쇠르**Elisabeth Leseur(1866~1914)는 로마 가톨릭 평 신도 영성가로 무신론자이자 그리스도교에 대한 비판을 일 삼던 남편을 회심케 한 것으로 유명하다. 그녀가 남긴 글들 은 『르쇠르의 비밀 일기』The Secret Diary of Elisabeth Leseur, 『유고집』

Selected Writings으로 사후에 출간되었다.

관련 기도 - 36

- **히포의 아우구스티누스** Augustine of Hippo(354~430)는 주교이자 신학자로 사도 바울과 더불어 서방 교회에 가장 커다란 영향력을 미친 교부로 꼽히며 서방 그리스도교 신학은 물론 철학사에도 커다란 영향을 미쳤다. 저작으로『고백록』Confessiones,『삼위일체론』De Trinitate,『신국론』De civitate Dei 등이 있다. 한국에도『고백록』(경세원),『삼위일체론』(분도출판사),『신국론』(분도출판사) 등 주요 저작이 대부분 번역되어 있다.

관련 기도 - 37, 47, 70, 71, 72

- **니콜라스 쿠자누스** Nicholas of Cusa(1401~1464)는 중세 시기 활동한 철학자이자 신학자로 법학과 천문학 등 다양한 학문에 관심을 기울였다. 저작으로는『무지의 지』De Docta ignorantia,『거룩한 아들됨』De filiatione Dei 등 다수가 있으며 한국에는『박학한 무지』(지만지),『신의 바라봄』(가톨릭출판사)이 소개된 바 있다.

관련 기도 - 38, 57

- **라비아 알-바스리** Rabia al-Basri(713/718? – 801)는 중동의 성인이자 신비가다. 가난한 집안 출신인 그녀는 어렸을 적에 유괴되어 노예로 팔렸으나 훗날 풀려나 자유인의 신분이 된 후, 제자

들을 모으고 금욕주의적인 생활을 한 것으로 알려져 있다.

관련 기도 - 39

- **오토칼 프로하주커**Ottokár Prohászka(1858~1927)는 헝가리 출신 로마 가톨릭 주교이자 신학자다. 성찬과 그리스도의 신비를 강조했으며 헝가리에서는 단순히 교회를 넘어서 정치에서도 커다란 영향을 남긴 위인으로 평가받는다.

관련 기도 - 39

- **토마스 아퀴나스**Thomas Aquinas(1225?~1274)는 중세 신학자이자 철학자다. 도미니코회 수도사로서 파리대학교에서 오랜 기간 신학을 가르쳤으며 그리스도교와 아리스토텔레스의 철학을 종합해 스콜라 철학, 신학을 집대성한 중세의 대표적인 그리스도교 신학자로 꼽는다. 주요 저작으로 『명제집 주석』 Scriptum super Libros Sententiarum, 『대이교도대전』Summa contra gentiles, 미완의 대작인 『신학대전』Summa theologiae 등이 있다. 한국에는 『신학대전』(바오로딸), 『영혼에 관한 토론문제』(나남출판), 『대이교도대전』(분도출판사), 『토마스 아퀴나스 사도신경 강해설교』(새물결플러스) 등이 번역되었다.

관련 기도 - 42, 44, 45, 72

- **프랑수아 페늘롱**François Fénelon(1651~1715)은 프랑스 출신 로마

가톨릭 대주교이자 신학자, 소설가다. 그가 쓴 소설 『텔레마코스의 모험』Les Aventures de Télémaque은 왕세손의 교육을 위해 쓴 것인데, 고전주의 문학의 걸작인 동시에 루이 14세Louis XIV의 전제 정치에 대한 비평과 유토피아적인 이상을 담고 있는 작품으로 평가받는다. 또한 인류애를 강조해 장 자크 루소Jean-Jacques Rousseau와 몽테스키외Montesquieu에게 영향을 끼치기도 했다. 한국에는 『텔레마코스의 모험 Ⅰ, Ⅱ』(책세상), 『예수님 마음 찾기』, 『하나님의 심정 묵상집』, 『십자가의 왕도』(순전한나드) 등이 번역돼 있다.

관련 기도 - 48

- **제임스 마티노**James Martineau(1805~1900)는 개신교 신학자이자 철학자며, 더블린과 리버풀 장로교회에서 행한 설교로 명성을 얻었다. 그의 설교는 유니테리언 성향의 사람들에게 커다란 영향을 미쳤는데, 성경보다도 인간의 양심을 중요하게 여긴 것으로 유명하다. 『신성한 것들에 대해 생각하다』Hours of Thought on Sacred Things 등 여러 설교집을 남겼다.

관련 기도 - 51

- **제레미 테일러**Jeremy Taylor(1613~1667)는 성공회 사제이자 신학자다. 1636년 찰스 1세Charles I의 황실 성직자로 활동하다가 청교도 혁명 때 투옥되었다. 이후 석방되자 웨일스에 머물며

『거룩한 삶』Holy Living과 『거룩한 죽음』Holy Dying을 썼는데, 이 책들은 실감 나는 비유와 생동감 넘치는 문체로 큰 호평을 받았다. 한국에는 『거룩한 죽음』(CH북스)이 소개된 바 있다.

관련 기도 - 51, 90

- **아씨시 프란치스코**Francis of Assisi(1181/1182~1226)는 중세 시기 활동한 수도사로 프란치스코회의 창립자다. 부유한 의복상의 아들로 태어나 방랑했으나, 1204년 큰 병이 들어 앓던 중 회심하고 청빈한 생활에 들어갔다. 1210년 10명의 동료와 함께 청빈, 정결, 순명 등을 규칙으로 한 수도회를 창립한 다음 예수의 가르침을 실현하기 위해 노력했다. 13세기 유럽의 사상, 문화에 커다란 영향을 미친 이로 평가받는다.

관련 기도 - 52, 78

- **블레즈 파스칼**Blaise Pascal(1623~1662)은 프랑스의 수학자이자 물리학자, 철학자, 신학자, 저술가다. 그리스도교를 변증하는 단편적인 글들을 썼으나 병고로 인해 완성하지 못한 채 39세로 생을 마쳤다. 사후 그의 가족과 친구들이 그 초고를 정리하여 간행했는데, 이것이 『팡세』Pensées이며 그리스도교 저작 중에서도 손꼽히는 영향력을 행사했다. 한국에는 『팡세』(민음사) 외에도 다양한 번역본으로 출간돼 있다.

관련 기도 - 53

- **윈체스터의 에텔월드** Ethelwold of Winchester(904/909~984)는 중세 잉글랜드 지방에서 활동한 주교다. 10세기 말 잉글랜드 교회의 쇄신 운동을 주도하며 혼란과 타락에 빠진 수도원의 기풍을 바로잡는 데 힘썼다. 주요 저작으로 『수도사들의 일치』Regularis Concordia가 있다.

  관련 기도 - 54

- **마거릿 크로퍼** Margaret Cropper(1886~1980)는 영국의 시인이자 작가로 1931년부터 이블린 언더힐이 죽을 때까지 언더힐과 깊은 우애를 나누었다. 언더힐 사후에는 언더힐의 전기인 『이블린 언더힐의 생애』The Life of Evelyn Underhill를 집필했다.

  관련 기도 - 54, 59

- **크리스티나 로세티** Christina Rossetti(1830~1894)는 영국 빅토리아 시대의 시인이다. 그녀의 작품은 세련된 시어, 분명하고 도드라지는 운율, 온아한 정감을 불러일으키는 묘사 등으로 신비적 분위기를 자아낸다고 평가받는다. 구스타프 홀스트Gustav Holst가 곡을 붙인 그녀의 시 「황량하고 쓸쓸한 한겨울에」In the Bleak Midwinter는 영미권에서 널리 불리는 크리스마스 캐럴 중 하나다. 한국에는 『로세티 시선』(지만지)이 소개된 바 있다.

  관련 기도 - 66

- **존 던**John Donne(1572~1631)은 성공회의 사제이자 시인이다. 초
  기에는 관능적인 소넷과 연애시, 신랄한 풍자시 등을 썼으
  나 아내가 죽은 후 이전까지의 태도를 돌이켰고, 사제 서품
  을 받은 뒤에는 주로 죽음이나 신앙에 관한 시를 썼다. 역설
  과 은유의 대가로 불렸고 고전적인 형식의 시에서 벗어나 개
  인적인 시의 형식을 제시한 선구자로 평가받는다. 한국에는
  『존 던의 거룩한 시편』(청동거울), 『존 던의 戀.哀.聖歌(연.애.성
  가)』등이 출간돼 있다.

  관련 기도 - 68

- **요크의 알퀸**Alcuin of York(735~804)은 중세 시기 노섬브리아 왕국
  요크 출신의 사제, 신학자이자 시인이다. 중세 유럽 라틴 문
  화의 중흥을 가져온 카롤링거 르네상스Carolingian Renaissance의 선
  구자였다고 평가받는다. 주요 저작으로는 『서간』Epistolae을 비
  롯한 여러 편지와 『거룩한 삼위일체 신앙과 그리스도의 성육
  신』De Fide Sanctae Trinitatis et de Incarnatione Christi 등이 있다.

  관련 기도 - 73

- **재닛 어스킨 스튜어트**Janet Erskine Stuart(1857~1914)는 영국 출신의
  로마 가톨릭 교회 수녀이자 교육가다. 성심수녀회의 원장으
  로 여러 학교를 세웠다. 주요 저작으로는 『가톨릭 여성 교육』
  The Education of Catholic Girls, 『성심수녀회』The Society of the Sacred Heart

등이 있으며, 『가톨릭 백과사전』Catholic Encyclopedia의 편찬에도 공헌했다.

관련 기도 - 73

• **윌리엄 로**William Law(1686~1761)는 조지 1세George I에 대한 충성 서약을 거부했던 영국 성공회 사제다. 그는 왕에 대한 충성 서약을 거부함에 따라 엠마누엘과 케임브리지 대학교에서의 교수 지위를 잃었지만 이후에도 신학적인 가르침을 이어갔다. 실천적인 신앙을 강조한 그의 저서는 웨슬리Wesley 형제, 조지 윗필드George Whitefield, 윌리엄 윌버포스William Wilberforce 등 18세기 영국 그리스도교인에게 많은 영향을 주었다. 주요 저작으로는 『성화에 이르는 그리스도인의 길』Practical Treatise Upon Christian Perfection, 『거룩한 삶으로의 부르심』Serious Call to a Devout and Holy Life 등이 있다. 한국에는 『내 안에 있는 하나님의 능력』(브니엘)이 소개된 바 있다.

관련 기도 - 76

• **루이스 드 레온**Luis de Leon(1527~1591)은 16세기에 활동한 가톨릭 수사, 신학자, 시인이다. 교회가 공인한 성서 번역을 비판하고 아가서를 직접 라틴어로 번역하면서 이단으로 정죄 받았으나 5년 뒤에 사면되어 살라망카 대학교에서 신학과 도덕 철학을 강의했다. 1591년 카스티야의 주교로 서품 받았지만

곧 숨을 거뒀다. 스페인 르네상스 문화를 대표하는 문인으로 평가받으며, 베르길리우스Vergilius와 페트라르카Petrarca의 작품을 번역했고 그리스도교 신앙을 담고 있는 30여 편의 서정시를 남겼다. 이 외에도 『완벽한 아내』La Perfecta Casada, 『그리스도의 이름으로』De los Nombres de Cristo와 같은 작품이 유명하다.

관련 기도 - 97

- 에드워드 키블 탈보트Edward Keble Talbot(1877~1949)는 영국 성공회 사제다. 1904년에 사제 서품을 받고 1910년에 성공회 수도회인 부활 공동체Community of the Resurrection에 입회했으며 1922년부터 1940년까지 수도회를 이끌었다. 폰 휘겔의 영향을 받았고, 탁월한 피정 인도자였다고 알려진다. 플레시 피정의 집에서 여러 차례 피정을 지도했다.

관련 기도 - 100

- 요한 에우데스John Eudes(1601-1680)는 프랑스 출신 로마 가톨릭 교회 사제다. 예수 마리아 수도회와 애덕의 성모 수녀회를 창립했으며 영성과 관련된 다양한 저술을 남겼다. 주요 저작으로는 『예수의 삶과 왕국』La Vie et le Royaume de Jésus, 『거룩한 세례, 주님과 인간의 만남』Le contrat de l'homme avec Dieu par le Saint Baptême, 『선한 고백자』Le Bon Confesseur 등이 있다.

관련 기도 - 112

- **요안나 프란치스카 드 샹탈**Frances de Chantal(1572~1641)은 프랑스 출신 로마 가톨릭 교회 수녀다. 남편과 사별한 이후, 프란치스코 살레시오Francisco Salesio 주교의 영적 지도를 받았고, 나이가 많고 병든 여성들도 입회할 수 있도록 성모 마리아 방문 수도회를 창립했고, 신비적 관상과 실천적 활동을 조화시킨 수도생활을 권장했다. 1628년 페스트가 유행했을 때 수도원을 개방해 병든 이들을 돌보기도 했다. 저작으로 『영성지도』spiritual direction가 있다.

  관련 기도 · 113

- **프랜시스 드레이크**Francis Drake(1540~1596)는 엘리자베스 여왕 시대의 해적, 군인, 탐험가이다. 마젤란에 이어 세계에서 두 번째로 세계 일주를 달성했다. 해적 활동을 했으나 당시 잉글랜드의 경쟁국이었던 에스파냐 보물선을 주로 공략해 그 공로를 엘리자베스 여왕에게 인정받아 귀족 작위를 받았다. 1588년 칼레 앞바다에서 잉글랜드 함대의 이로써 넬슨Nelson 제독과 더불어 영국을 대표하는 영웅으로 추앙받게 되었다.

  관련 기도 · 121

- **요한 크리소스토무스**John Chrysostom(349~407)는 초대교회 교부이자 콘스탄티노플의 대주교다. 열정적이고 명료한 언어와 실천적인 교훈을 담은 설교로 '황금의 입'이라는 별명을 얻었

다. 동방 교회에는 크리소스토무스의 이름을 딴 전례가 있고, 성공회 기도서에는 크리소스토무스의 기도라고 전해지는 기도문이 하나 실려 있는데 언더힐은 이를 인용했다.

관련 기도 - 148

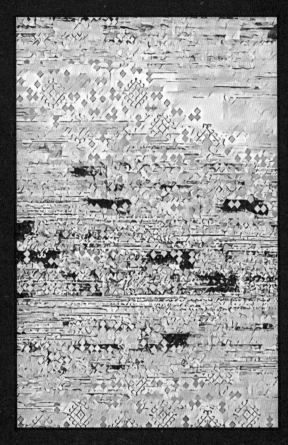

놀라운 일을 행하셨으니 주님은 찬미 받으소서.
영광스러운 그 이름도 영원무궁토록 찬미 받으소서.
당신의 영광이 온 땅에 가득합니다. 아멘, 아멘.

영성가의 기도

초판 발행 ｜ 2019년 4월 30일
지은이 ｜ 이블린 언더힐
엮은이 ｜ 이블린 언더힐
옮긴이 ｜ 박천규

발행처 ｜ ㈜타임교육
발행인 ｜ 이길호
편집인 ｜ 김경문
편　집 ｜ 민경찬 · 양지우
검　토 ｜ 방현철 · 손승우 · 정다운
제　작 ｜ 김진식 · 김진현
재　무 ｜ 강상원 · 이남구 · 진제성
마케팅 ｜ 이태훈 · 방현철
디자인 ｜ 민경찬 · 손승우

출판등록 ｜ 2009년 3월 4일 제322-2009-000050호
주　소 ｜ 서울시 성동구 성수동2가 281-4 푸조비즈타워 5층
주문전화 ｜ 010-9217-4313
팩　스 ｜ 02-395-0251
이메일 ｜ innuender@gmail.com

ISBN ｜ 978-89-286-4540-4 03230
한국어판 저작권 ⓒ 2019 ㈜타임교육